名桜大学やんばるブックレット　別冊2

子どもの貧困問題と大学の地域貢献

嘉納　英明

JN064378

公立大学法人
名桜大学
MEIO UNIVERSITY

目　次

4

プロローグ

　沖縄の子どもの貧困問題は深刻であり、一層、厳しさを増している。この現状から、翁長雄志沖縄県知事は、2016年度（平成28）を子どもの貧困問題対策の「元年」として宣言し、貧国対策に係わる基金を含め、多額の予算を計上した。「元年」の前年にあたる、2015年度（平成27）は、県内外の研究者や県の調査により、子どもの貧困の実態が浮き彫りになった。また、沖縄の振興策を所管する内閣府も、この問題について強い関心を寄せ、沖縄・北方担当大臣の島尻安伊子参議院議員（当時）は、2016年度の沖縄予算に貧困対策費として10億円を追加した。内閣府の職員も度々沖縄を訪れ、自治体の関係部署、貧困対策を進めているＮＰＯ等の関係者と対話を積み重ね、沖縄の現状に理解を示し、その対策に奔走した。私は、2013年度（平成25）から、学生と共に困窮世帯の中学生に対する支援活動を行っているが（詳細は第4章）、その活動場所にも、内閣府の職員は立ち寄り、熱心に活動状況を見学し、運営方法についても意見交換を交わした。一方、沖縄の子どもの貧困問題及び対策をめぐる議論は、「沖縄タイムス」と「琉球新報」による連日の報道もあって、これまでにないほど、県民の関心も高まりをみせた。沖縄では、子どもの貧困問題とその対策をめぐって議論が白熱しているが、一過性のものではなく、長期的な展望に立っての議論と具体的な政策展開を期待したい。

　沖縄社会において深刻化している子どもの貧困問題は、行政の担当部局のみの問題ではなく、県民総ぐるみで解決しなければならないという機運が醸成され、2015年度（平成27）には、ＮＰＯ団体等による子ども食堂や無料塾が矢継ぎ早に設立された。まさに、沖縄ならではの県民総ぐるみの取り組みを感じさせる。自治体は、これらの団体へ支援していくという、やや遅れ気味の感であった。沖縄県は、2016年（平成28）3月、「子どもの貧困対策

推進計画」を策定し、これに基づいて、貧困対策を強力に進める宣言をした。行政や民間、県民が一丸となって、貧困対策に取り組む姿勢を見せているのは、沖縄県のみである。それだけ、事態は深刻であるということであろう。

　沖縄の子どもの貧困問題は、全国と比して、特に、厳しい状況であることは周知の事実である。この問題は、我々の身近な問題であり、地域の問題であり、そして同時に沖縄社会の構造的な問題である。その構造的な問題も、沖縄の歴史、とりわけ、戦後27年間、米国の統治下にあった特殊事情に起因する。沖縄は日本政府の財政援助から除外され、日本本土との社会資本・生活基盤の格差、所得格差が生じた。米軍基地の存在と基地経済によって沖縄の地場産業を含む経済基盤が十分な成長が遂げられなかったことが沖縄の住民の低位な所得水準を招いたこと、また、平和憲法の適用を受けることなく、子どもの教育や福祉政策の十分な展開が出来なかったことが、構造的な問題の主因である。

　ところで、沖縄の子どもの貧困問題に関しては、社会福祉や教育関係者、行政の関係部署等による支援活動が始まっているが、教育・研究機関としての大学は、子どもの貧困問題についてどのように対応し、支援をしてきたのであろうか。残念ながら、これまで子どもの貧困問題に関心を持つものは、貧困問題を研究対象にしている者や社会福祉の研究者、もしくはそれの周辺にいる者に限定されていた。大学も、十分な動きを見せているわけではなかった。沖縄の社会問題として浮上している子どもの貧困問題は、実は、大学生自身の厳しい生活状況と重なり、学費未納に始まり、休学や退学となって深刻な事態になっている。大学卒業後は、不安定な職に就きながら、奨学金の返済で頭を抱える若者も少なくない。県内の大学も、生活が厳しくアルバイトで生計を営んでいる学生に対しての抜本的な支援が求められているといっても過言ではない。

　この本は、沖縄の子どもの貧困問題について述べているが、とりわけ、大学は、この問題に対してどのような関わり方ができるのか、子どもの貧困問題に対して地域とどのようにつながり、問題解決を図ることが出来るのかと

いう問題意識で筆を進めてきた。いわば、大学と地域の連携の視点から、地域の貧困問題に対応したいと考え、また、事例のひとつとして、私自身の地域実践を提案することで、大学の地域貢献のひとつの姿を描き、読者の皆さんと議論を深めたいと願っている。

※

　本書は、私が「子どもの貧困問題」と関わる中で執筆した論文等で構成している。各章とも独立した論考であるので、どこから読み進めてもよいかと思う。

　第1章の「やんばるの地で大学の地域貢献を考える」は、2015年（平成27）12月、名桜大学を会場に開催された九州教育学会第67回大会の総合部会（公開）の発表原稿であり、『九州教育学会研究紀要』第43巻（2015年）に集録されたものである。大学の地域貢献とは何か、という問題意識をもちながら、本学の地域における教育支援等を中心に報告したものである。

　第2章は、「沖縄の子どもの貧困問題について考える―近年の貧困対策をめぐる動向―」である。冒頭で述べたように、翁長沖縄県知事は、2016年度（平成28）を子どもの貧困対策の「元年」にすると宣言したが、その前年の沖縄県内の動向について、国や県の施策、関連する研究会、子ども食堂、子どもの居場所学生ボランティアセンターの設立等についてまとめた。本章の主な内容は、日本子ども社会学会第23回大会（2016年6月4日、於：琉球大学）において報告したものである。

　第3章の「子どもの貧困対策としての「無料塾」の設立―沖縄県内の取り組みを中心に―」は、全国的に広がりをみせている無料塾に関する報告である。生活困窮世帯の子どもに対する教育支援は、「貧困の連続」を断つ上で有効な対策のひとつだと考えられている。県内における無料塾の設立は、主に、自治体からＮＰＯ団体等への委託事業として進められてきた。ここでは、沖縄の無料塾の成果と課題をまとめた。なお、本章は、名桜大学総合研究所学際的共同プロジェクト研究「沖縄における貧困と格差に関する学際的研究―沖縄本島を中心に―」（平成26年度〜28年度）の助成を受けてまとめたも

のである。

　第4章の「生活困窮世帯の中学生への学習支援事業と学生ボランティアの学び」は、2013年度（平成25）から始めた、本学と名護市の連携事業である名護市学習支援教室ぴゅあ（無料塾）のことである。市内の要保護世帯と準要保護世帯の中学生に対する学習支援教室は名桜大学内の教室で運営され今日に至っているが、本章では、学生の地域活動としての視点から、この無料塾を紹介する。

　第5章の「沖縄における産官学連携の子どもの居場所づくり―大学と地域をつなぐ学生の地域支援活動の仕組みに焦点をあてて―」は、沖縄県内の11の大学・短大等の高等教育機関によるコンソーシアムによって設立された子どもの居場所学生ボランティアセンターの運営と機能について述べたものである。このボランティアセンターは、子どもの貧困対策の一環に位置づくものである。同センターは、子どもの居場所に学生を派遣するものであり、その仕組みづくりに焦点をあてて報告する。

　本末に、「沖縄の子どもの貧困問題に関する主な新聞記事タイトル一覧（2016年度）」を掲載した。作成は、私のゼミ生の塚澤誠志郎君（3年次、2017年3月31日現在）である。

　本書の内容は、ここ数年の学会等で発表したもので構成されている。筆者の子どもの貧困問題に関する課題意識、大学と地域の連携、あるいは大学の地域貢献のあり方を模索している様は確認できるものと思う。論文発表当時の趣旨は活かしつつ、表現等について加筆補正を加えた箇所もある。本書を通して、沖縄の問題や子どもの貧困問題に対して関心を持っていただき、大学の地域貢献の立場から、地域の問題を一層議論するきっかけになれば、望外の喜びである。

2017年7月7日

嘉納　英明

第1章　やんばるの地で大学の地域貢献を考える

1．大学と地域の関係

　総務省の「域学連携」地域づくり活動にみられるように、政府は地方創生を謳い、若者が地方に留まり定住し、地方を元気づけ、活性化させる人材育成のために地方の大学支援を始めた。また、地方の国立大学は、「地域」を冠した新学部設置に乗り出した（宇都宮大学地域デザイン科学部、福井大学国際地域学部、宮崎大学地域資源創成学部）。公設民営大学のみならず、私立大学の中にも、所在地の自治体とのより一層の連携を求め、公立大学法人化を模索している大学もみられる（山口東京理科大学、新潟産業大学）。地方の大学は、自身の存在価値と立地する地域との関係性の構築を問い、問われることになろう。大学が地域の課題に向き合い、大学の資源を有効に活かしながら、自治体や住民との対話を通して、地域に貢献していく姿勢が期待されている。大学は地域の課題をみつめ、これらに対してどのような形で対応していくのか、地域は、強い関心を寄せているのである。大学と地域はこれまでにないほど、互いの存在を意識し、今後、どのような協働体制を構築していくのか、注視されている。こうした地域と大学の接近は、大学の性格を大きく変えていくものになるのではないか。村田和子（和歌山大学）は、大学は、地域に貢献するだけに止まらず、地域住民自身による地域の再生と再建の主体者形成への貢献や大学と地域社会の諸機関との協働システムの構築の展開構造について述べているが、この点は、大いに議論を深める必要があろう。村田の提言は、大学が地域コミュニティの中で、ひと・まちづくりの一角を担う主要な機関としてどのような役割を演じることができるのか、という私の課題意識と重なるものである。

　本報告は、筆者の所属している名桜大学の事例を取り上げ、沖縄本島北部地区（やんばる）における本学の立ち位置、そして、大学としてどのような地域貢献をしてきたのか、また、これからどのような展開ができるのか、地域貢献の目的や実際の姿を通して考えたい。そもそも本学の設立理由は、名護市を中心とする沖縄本島北部地区の若者が県内外の大学の進学のため流出し、過疎化が進行している深刻な事態の認識から出発した。本学は創設経費を名護市と北部11町村及び沖縄県が負担し、民間が運営していく公設民営の私立大学として1994（平成6）年に開学した（2010年、公立大学法人化）。北部地域の切実な地域課題であった高等教育機関の不在による若者の流出と過疎化問題を背景に設立された本学は、設立当初から、地域の課題を受け止め、これに対応すべき教育機関として期待されてきた。それゆえ、大学設立時から地域課題に応えるべく奮闘してきた本学は、地域とつながった高等教育機関像を模索してきたものといえる。

　2014年（平成26）、本学は、設立20年目を迎えた。「やんばるの地で大学の地域貢献を考える」ことは、本学のこれまでとこれからを立ち止まって考える貴重な機会である。だがその報告の前に、大学の地域貢献は、まず地域が抱えている課題の把握をすべきだという前提に立てば、特に、戦後の沖縄の歴史的な文脈の中で、沖縄・やんばるの諸課題の整理を図ることが大切である。したがって、報告の主題からは迂回するような形になるが、最初に、報告者の関心事である沖縄の教育の諸問題をとらえながら、次に、沖縄・やんばるの子どもの教育や若年層をめぐる諸課題と大学の地域貢献をつなげて検討する。

2．基地の存在と子どもの教育と福祉

　〝鉄の暴風〟と呼ばれた沖縄戦から、今年、戦後70年目を迎えたが、沖縄には、広大な米軍基地・施設が鎮座し、また、〝普天間基地の移設〟をめぐって、政府と県の対立は裁判闘争を見据え、先鋭化している。1955年（昭

和30）の由美子ちゃん殺害事件、1995年（平成7）の少女暴行事件は、基地があるがゆえに発生したものである。戦後、〝基地との共生〟を押し付けられた住民の生活は、貧しかった。沖縄戦で家族を失い、孤児があふれ、父親や夫を失った家族は、母子家庭で支え合い生活をしていくために懸命であった。まともに義務教育を修了していない者も多かった⁽¹⁾。銃剣とブルドーザーによって土地を強制接収された住民は、他所へ移動せざるを得なくなり、海外へ移民した者もいる。基地周辺の米兵を相手にする特飲街の形成は、周辺地域の治安を悪化させた。本島中部のコザ、胡屋、北部の辺野古等、〝基地の街〟が至る所に形成された。米兵と沖縄女性らとの間で生まれた〝ハーフ〟と呼ばれた子、〝無国籍児〟の問題は、社会問題化し、のちに、アメラジアンスクールの設立（1998年）へつながる。沖縄戦と米軍基地は、〝沖縄〟を歪な形にした。

　沖縄戦とそれに続く基地問題は、常に社会問題の中心として議論されてきたが、沖縄の子どもの教育や福祉については、「学力」をめぐる議論を除けば、これまで十分取り上げられることはなかった。関係者の努力によって、戦災校舎の復興から沖縄の戦後教育は始まったが、厳しい財政状況の中で、小・中学校の整備は遅々とし、高校や大学の設立は大幅に立ち遅れた。就学前の教育・保育を担う、公私立幼稚園・保育園の設立が進むのは復帰直前のことである。子どもの公的教育保障は、体をなしておらず未熟であり、生活に困難を抱える家族に対する福祉サービスは、貧困であった。こうした状況の中で、地域では、シマぐるみで子育てと教育の支援を始めていく。その拠点のひとつに、集落の公民館があった。そこでは、地域の教育自治を基盤とした、住民の教育文化、伝統芸能の再生・復活がシマの復興にかける住民の願いの中で再生する。例えば、字公民館に附設された幼稚園は、幼少の子どもの保育・教育活動を担う地域の教育組織として沖縄全域でみられ、公的な保育・教育サービスを補完した。シマの子どもを励まし、沖縄の戦後教育復興に大きな役割を果たした地域の学事奨励会は、シマの教育組織として地道な活動を進めた。1960年代に高揚する教育隣組や復帰後の子ども会は、当初、劣悪な

生活環境から子どもを守ることを目的して結成されたが、子どもの地域参加と自治意識を育む地域の教育組織として成長した。青年会は、地域の文化再興と村の復興の担い手として活躍した。米国施政権下の厳しい中でも、住民は、自治的な地域教育文化運動を立ち上げ、これを紡いでいくのである。こうして、復帰前の沖縄では、学校教育の充実を図るべく教職員は日夜奮闘し、地域では、子どもの健全な育ちのために、地域教育団体の組織化と活発な活動がみられた。

　1972 年（昭和 47）の日本復帰後においては、学校の校舎等も、日本政府の高率補助に支えられて、格段に進展した。一方で、「進んだ本土、遅れた沖縄」（浅野誠）の構図は、急速に沖縄社会に浸透し、沖縄の本土化と系列化が広く議論されるようになる [2]。特に、復帰前後を通して、学力問題を中心とした議論はみられたが、沖縄には、離島・僻地の子どもの進学問題、高校中途退学問題、被生活保護世帯の増加問題等、教育と福祉に関わる課題についての議論と施策の展開は十分ではなかった。

　以上のことから、これまでの沖縄では、沖縄戦と引き続く基地問題、米国の施政権下という特殊事情の中で、まともに教育や福祉を含む諸課題に向き合えなかったのではないだろうか [3]。近年、沖縄の子どもの貧困問題は深刻化し、県は、この問題に対して丁寧かつ迅速な対応を迫られている [4]。福祉の関係者だけではなく、学校関係者も当然のごとく、関心を寄せている。地域コミュニティの中にある大学としても、こうした様々な地域課題について無関心でいられるわけがない。

　ところで、沖縄では、地域とつながり、地域を意識した大学の地域貢献は、私立大学を先駆とした優れた実績がある。沖縄大学（那覇市）の地域研究所、沖縄国際大学（宜野湾市）の南島文化研究所等は、大学の知を地域へつなげ、住民の地域文化活動の活性化に寄与してきた。沖縄の抱える諸課題に対して、教育行政、学校と地域の協働的な働きかけが必要とされている中、地域における大学の立ち位置と地域貢献を、今後、どのような形にしていくのか、沖縄の大学は、問われている。

　次節以降では、沖縄本島北部地区の諸課題の中でも、教育と福祉に関わる問題に焦点をあてながら、本学の地域貢献の姿とこれからの大学の在り方を議論する。

3．沖縄・やんばるをめぐる諸課題

　基地問題で揺れる、やんばる・名護であるが、それ以外にも、自然環境の保全、観光・市街地の活性化、離島・僻地の急激な人口減少、若年無業者の問題等があり、深刻化している。以下、やんばるの実情の一端を記す。

　沖縄県の一人当たりの所得は全国平均の約7割（203万円）であり、やんばるの自治体の過半数は、県平均を下回る（表1）。沖縄県の婚姻率・離婚率は全国上位、高失業率が続き、若年層の将来像は決して明るいものではない。非正規雇用の増加と被生活保護率の上昇もあって、沖縄の社会は不安定さを示している。とりわけ、若年層における雇用の不安定さは、社会的な自立を阻害する最大の要因である。高校進学率96.4％（全国98.5％）、大学進学率39.8％（全国54.5％）で全国最下位であり、高校中途退学率2.4％（全国1.7％）、高校卒業後の進路未決定率12.0％（全国4.4％）、若年無業者率15〜34歳4.2％（全国2.2％）をみても、最下位となっている[(5)]。

　北部地区は、沖縄本島の面積の6割強を占めているが、人口は県全体の約

表1．2012年度（平成24）沖縄県市町村民所得

単位：千円

名 護 市	1,863	恩 納 村	2,286
国 頭 村	1,846	宜野座村	2,200
大宜味村	1,509	金 武 町	2,011
東 　 村	2,503	伊 江 村	1,994
今帰仁村	1,391	伊平屋村	1,670
本 部 町	1,653	伊是名村	1,950

2015年（平成27）7月13日公表（沖縄県庁統計資料WEB）

1割にも満たない12万人（名護市を含む）である。北部の中核都市である名護市の人口はやや横ばいであるが、周辺の町村の人口は減少しつつあり、急速な過疎と限界集落の問題を抱えている。また村（島）を挙げて民泊事業（県外の修学旅行生対象）で活況を呈している伊江村についても人口減少が続き、伊是名村（島）や伊平屋村（島）は、農産業の脆弱さと離島苦（シマチャビ）により、人口流出が続いている。これらの3村（島）の状況は、名護市の近隣町村の近年の傾向についても同様なことがいえる。こうした急速な人口減少に伴い、北部地区では、小中学校の統廃合が相次ぎ、2012年度（平成24）は、北部地区の県立高校の再編整備計画が発表される等、統廃合の波は、後期中等教育機関にも及んでいる。沖縄県の総人口は約140万人であるが、その8割は、那覇市や沖縄市を有する中南部に集中し、そこでは学校の新設校が進む等、沖縄本島の「南北格差」が生じている。沖縄本島の北と南は、対照的であり、北部の状況は年々深刻化している。いわば、縮小する北と膨張する南である。

　北部地区の人口減少は、学校の統廃合問題等を引き起こしているが、こうした背景から、やんばるの教育課題を共有し、課題解決の方途を探るために、2015年（平成27）10月、県教育庁国頭教育事務所、北部地区の教育長、学校関係者、大学関係者による初の「やんばる教育懇談会」が本学にて開催された。懇談会では、地区内の中学校の学力の低迷が報告される一方、学力上位者と部活動で活躍の場を求める者は、中南部の高等学校へ流出し、名護高校以外の県立学校の定員割れの常態化が問題視された。また、被生活困窮世帯数の増加とその対策としての大学の学習支援（無料塾）の報告もあった。同懇談会は、今後も継続して開催し、やんばるの教育課題の共有に止まらず、課題解決に向けた方途を検討していくことが確認された。この懇談会が開催されたのは、大学が地域の教育にどのような働きかけができるのか、どのような支援が可能であるのか、ということから出発したわけであるが、現在、北部地区の教育振興のための基金創設の意見が出る等、生産的な方向での議論が期待されている。

　一方、北部地区の人口減少は、教育問題のみならず、医療・文化格差を引き起こし、次第に住民の健康で文化的な生活を脅かすものとなっている。また、健康に関する意識の低下や診療機関の少なさから、生活習慣病予備軍の増加、生活習慣病罹患率の上昇等、健康上の支援の必要性も高い。さらに地域が最も懸念している経済的な問題として、観光産業が基幹産業であるといいながら、積極的な対策が十分とられていない状況がある。このように、やんばるには、児童生徒の学力保障や教育福祉に関わる課題、健康支援に関わる課題、過疎化の課題等がある。

4．地域課題に対する名桜大学の取り組み
―教育・福祉問題を中心に―

　本学は、地域に開かれた大学として、また、北部地域の住民の生活及び文化の向上に寄与することが設立目的であるゆえ、自治体、地元企業、ＮＰＯ等の各種団体との連携による地域活動を進めてきた。換言すれば、地域の課題をとらえ、大学の資源（ひと、もの、こと）を自治体や地域の課題とつなげて協働的に対応しようと試みてきた。20歳前後の学生2,000名、教職員100余名の規模は、北部地区では実に大きな人的資源である。本学は、他の大学と同様に取り組まれている公開講座、出張講座の他に、大学の研究者と地域住民が共に、やんばるの歴史や文化を掘り起こし、それらが持つ価値を共有しながら、次世代へ継承していく作業として地域（字）誌編さん事業を進めてきた。大学教員の中には、北部地区の自治体の観光に関する調査や連携事業を精力的に取り組む者もいる。近年では、教職員、学生、地域の住民対象の大学懸賞作品コンクールによる地域文化の振興、そして、現在、大学叢書3巻の発刊に続き、〝やんばる〟をテーマにした大学発行のブックレットによる情報発信を予定している。これは、大学教員の各分野から〝やんばる〟の魅力、諸課題を明らかにし、地域住民への問題提起を図ることをねらいとしている。教員免許取得希望の教育実習生についても、母校実習と合わ

せて、学校、教育委員会と連携しながら大学近郊の学校に学生を配置している。このように、個別具体的には、教員や学生は、名護市を中心に北部の自治体との交流を積み重ねてきている。

　さて、前節（3．沖縄・やんばるをめぐる諸課題）で示した、教育・福祉問題、健康問題、地域活性化問題は、各自治体が直面しているものばかりである。まず、北部地区の住民の健康支援と地域活性化について、本学がどのようにかかわっているのかについて簡潔に説明したあと、教育・福祉問題については、やや詳細に報告する。

［健康支援・地域活性化］
〈健康支援〉
　北部地区の住民の健康支援と関わる活動としては、大学と自治体の連携のもと、人間健康学部（スポーツ健康学科、看護学科）の学生を主体とした住民の健康管理、健康相談、運動指導、食育（劇）の企画と実施が行われている。運動指導、食育（劇）は、山間部や離島においても実績があり、住民の健康診断受診率が高まる等、自己の健康に対する関心が高まっている。特に、公民館を活用した健康活動としての運動プログラムの提案と運動は注目されている。これは、学生による住民への健康増進活動であり、東村や伊平屋村（島）においても実施されている。また、名護市や本部町では、公民館を活用した健康相談活動、朝市健康プログラムが継続実施されている。

〈地域活性化〉
　地域活性化問題と関わって、本学では、観光産業の活性化に寄与すべく、様々な取り組みを進めている。例えば、ダムを拠点としたカヌー体験、ダム周辺での自然体験等であり、官学連携事業としての「観光ガイドブック」の発刊等が挙げられる。〝やんばる〟をテーマにしたブランド提案事業、新商品の研究開発・販売等についても議論を積み重ねている。また、民泊を進める自治体の研究プロジェクトや沖縄観光コンベンションビューローの誘客プロジェクトに学生が参加して、北部地域の活性化について議論を進めている。

[教育・福祉問題―児童生徒の学力保障と学習支援への期待―]

　北部地区の児童生徒の学力は、県内で最も低位にあり、また一部の優秀な中学生は、中南部の高等学校へ進学して、北部地区の学校の質的劣化を招いている、とさえいわれている。生徒の管外への流出と名護市内の一部の高等学校への流入は、北部地区の県立学校の大幅な定員割れを招き、結果として高校統廃合・再編整備問題となって地域の深刻な問題となっている。北部地区の学力（保障）問題の解決のためには、行政、学校、家庭、地域、大学による協働的で、長期的かつ周到な計画の上で進める必要がある。これまでも、県教委の主導のもと、地方の教育委員会・学校・家庭・地域による学力推進事業は一貫して取り組まれてきたが、改善の見通しは厳しい。こうした状況の中で、本島北部地区唯一の四年制大学である本学に対して、児童生徒の学力向上を含む、教育の質保障を期待する声は年々高まっている。

　本学では、教職課程の運営を統括している学内機関・教員養成支援センターの下に、学習支援ボランティアサークルを組織化し、名護市内外の小中学校、社会福祉施設等において児童生徒の学習支援、授業補助、部活動指導補助等を幅広く展開している（図1. 名桜大学の学習支援ボランティア組織図）。センター内には、学習支援担当の事務員を配置し、学外との調整を常時行っている。

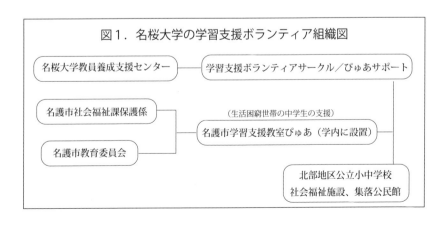

図1. 名桜大学の学習支援ボランティア組織図

図2．沖縄本島北部11市町村における学習支援活動と協定書調印

○伊是名村（2011年度）、伊平屋村（2012年度）において宿泊を伴う学習支援活動の実施。2015年度以降、大学の予算を活用して、伊是名村、伊平屋村、水納島にて「滞在型学習支援ボランティア」の実施

○2008年度から、毎年、教職課程の履修生の合宿（一泊二日）

○2011年度から国頭村教委主催の「チーム国頭」に学生派遣（滞在型学習支援ボランティア）

○2011年度から恩納村教委主催の「未来塾（無料塾）」に学生派遣

○名護市内の小中学校における学習支援、部活指導補助、読み聞かせ活動
○名護市大西区における学習支援活動

○宜野座村漢那区主催の「無料塾」に学生派遣

2008年度　本学と名護市教委、連携協定の調印
2011年度　本学と恩納村教委、国頭村教委、連携協定の調印
　　　　　本学と北部11市町村教委（恩納村を除く）の一括連携協定の調印　※恩納村は名桜大学の設置団体であるが、教育行政の管轄は中部地区である。

学習支援ボランティアは、現在、単位化はしていない。学習支援は、「奨励」としての位置づけである。それでも、毎週、100名前後の学生が地域の学校等で活動を進めている。そもそも、本学の学習支援ボランティアは、学校現場の実情にふれ、子どもとの関わりを通して、コミュニケートする資質を培うことを目的にしているが、学生は、支援活動を通して、それ以上の多くの学びと幅広い関係性を紡いでいる。例えば、部活の外部コーチとしてチームを任され、地区優勝や県優勝を勝ち取り、子どもや教師、保護者の信頼を得ている学生、あるいは、熱心な支援活動を学校に評価され、教育実習はもち

ろんのこと、卒業後、臨時的任用教員として要請された例である。多くの学生が名護市内に在住し、生活者として、ごく自然と地域の学校の教育活動に参加している姿がみられる。

　なお、地域の学校への学生の派遣は、本学と北部11市町村教育委員会の連携に関する協定（2013年5月、恩納村とは個別に協定を締結）に基づいている。次に、名護市内における学習支援以外の事例を紹介する（「図2．沖縄本島北部11市町村における学習支援活動と協定書調印」参照）。

事例①　北部4村における学習支援
　　　　―恩納村、国頭村、今帰仁村、宜野座村漢那区―

　2011年度（平成23）から恩納村教育委員会は村内の一部の中学校に「未来塾（無料塾）」を開設した。放課後の空き教室を活用しての村営塾である。村内に学習塾がないという理由から、村営塾を設立した。本学の学生は、村営塾で受験指導を行い、2014年度（平成26）からは、村内全ての中学校に拡大した。国頭村では、夏期休業中、学生が村内で宿泊しながら、小学校や中学校、集落公民館で、学習支援、部活動指導補助等を行っている。滞在型の学習支援ボランティアである。今帰仁村においても、村内4つの小中学校で学習支援活動が実施されている。宜野座村漢那区では、2014年度から、区の公民館で学習支援事業を進め、支援者として本学の学生が関わっている。3村1区とも自治体・区の予算で事業を進め、自治体・区が運営費を負担し、人材（学生）は、大学が提供している。

　※2016年度（平成28）から名護市大西区（公民館）においても学習支援事業が始まり、本学の学生の支援活動が始まっている「にしこうカラハーイ（事業名：大西区子育て支援事業／名護市ちばる地域提案事業助成金）」。

事例②　滞在型学習支援ボランティア活動
　　　　―伊是名村、伊平屋村、水納島（本部町）―

　2015年度（平成27）から、伊是名島、伊平屋島、水納島の小学校と中学

校において、夏期休業中に滞在型学習支援ボランティアを実施している。伊是名、伊平屋両島にそれぞれ6名、水納島に2名派遣した。学生は、島内の民宿に4～5泊滞在する。学生の滞在費は、全て、大学負担である。2015年度から毎年50万円の予算を計上し、2019年度（平成31）まで実施する計画である。この事業は、これまでの学習支援ボランティアが名護市内を中心としていること、離島での活動が十分でなかったという反省から実現したものである。島の子どもと大学生の交流は、好評である。

事例③　生活困窮世帯の中学生への学習支援（無料塾）

　名護市と本学の連携事業「名護市学習支援教室ぴゅあ」(2013年5月開設)は、市内の生活困窮世帯（要保護、準要保護世帯）の中学生を対象にした無料塾である（週3回、1回2時間）。毎週、のべ60～80名の中学生が巡回バスで大学に通って来る。2015年度（平成27）から、名護市から本学へ事業委託（400万円）され、バス運行費を含め、本学の無料塾運営の裁量が拡大した。被生活保護世帯の中学生の高校合格は、ほぼ100％である。地元の銀行や財団の助成金を獲得して、毎年、中学生と学生の学習旅行（1泊2日）を実施している。「支援教室」の情報交換は、市教委、保護係、大学関係者、学生代表により、随時、行われている。また、本学総合研究所社会政策部門は、2012年度（平成24）から、北部地区の教育福祉問題をテーマ（沖縄から考える貧困と格差）に掲げ、現在、総合研究所の学際的研究資金を受けて、文化人類学、教育学、社会福祉学の研究者3名が共同研究を進めている。

　以上、述べてきたように、本学は、やんばるの地域課題について基本的に向き合い、かかわってきたのではないか。とりわけ、この数年間の大学の地域に対するまなざしは、温かく、積極的である。学生の地域参加活動の姿をみると、大学を一歩出て、地域住民とつながり、地域課題に対応していくなかで、一人の市民としての自己成長とやんばるに対する愛着心を覗かせる声も聞かれる。教職員よりも学生の地域参加が先行し、地域との関係性を構築

しているといえるだろう。子どもや地域の住民にとっても、若い学生との交流は新鮮であり、かつ刺激的である。大学と地域との関係は深まりつつあるが、今後は、市民の大学への参加の在り方を議論し、双方で学び合い、高まっていける関係性の構築が課題である。

5．地域協働の核としての高等教育機関の役割とは何か

　地方の大学にとって、地域の課題に主体的に向き合い、学内外の関係部署との連携を図りながら、課題に対応していく姿勢は、今後益々、求められるであろう。大学と地域相互の持続可能な支援態勢づくりをどのような形にするのかについても、それぞれの大学と地域の実情を見据えて議論を深めたい。大学の持ち味である、情報収集と分析力、人的資源・情報は、自治体にとっても、住民にとっても魅力あるものである。大学は、常に、地域とつながりながら、地域課題を察知するセンサー的な力を磨くと共に、日々、地域との信頼関係の構築を怠らないことが大切である。こうした地道な関係性の構築の上に、地域協働の核としての高等教育機関としての大学の役割が期待される。生涯学習機関のひとつとして大学の役割を果たしつつ、学びの担い手としての住民と共に成長していける大学が、これからの地域コミュニティの中の大学としての未来像を豊かに描くことができる。市町村教育委員会と連携している高知工科大学は、地域が持っている資源を最大限に使うこと、それぞれのところでリソースをうまくつなぎ地域の課題に応えないといけないこと、また、地方の課題を教育委員会と一緒に考えて、様々な教育リソースを動員して大学自体も支援をしながら、それらが可能となるための教育や問題の解決に当たる必要があると述べている（中村直人／高知工科大学）。至極、妥当な見解であると思う。

　ところで、大学の地域貢献策ばかり主張すると〝息切れ〟してしまう。大学と地域が協働的に地域を活性化させる人的育成を地域の中につくり、様々なチャンネルを大学と地域間でつくることで、多様な学び手を育成すること

も大学の役割である。大学にとって、地域をキャンパスのうちに入るものと考えるとこれほど豊かな学びの環境はない。地域にとっても、大学を自らの地域の資源として見えたとき、これほど豊かな情報と人的資源がある施設はない。地域が大学とどのようにつながり、どのような地域協働の組織を描くのか、また、大学にとっても、地域とどのようにつながり、共に地域協働の態勢をつくるのか、を問いながら、ひとづくり・まちづくり像を具現化していく努力が求められている。

　最後になったが、大上段に構えて、「やんばるの地で大学の地域貢献を考える」と語ってきたが、同じ街に住む市民として、共に、成長し合える関係をどのように形づくるのか、ということを考えさせられる日々である。「大学の地域貢献」の議論は、共に育ち合う、きっかけにすぎないのではないか、とも思う。

〈注及び引用文献〉
（1）県教委による義務教育未修了者に対する教育保障事業は、近年になってから始まったばかりである。県教委「戦前戦後の混迷期における義務教育未修了者への就学機会の提供と認定について」は、概ね1932年（昭和7）〜 1941年（昭和16）生まれの義務教育未修了者で、卒業認定を希望する者を対象に、2013年度（平成25）から、那覇市と沖縄市で実施されている。
（2）沖縄の本土化、本土並みを主導する声は、学力問題に引き寄せていえば、沖縄の子どもの学力を本土並みに引き上げることを至上課題とした。大学への進学率を高め、琉球大学をはじめ、県外国公立大学や有名私大への進学を目的にした全県一区の進学校の設立が相次ぎ、高校の学区の拡大と序列化は進み、固定化する。沖縄の本土並み論は、復帰後、沖縄のあらゆる分野の進展を測る「物差し」として機能していく。沖縄は、常に本土を意識し到達すべき目標であり、モデルとみていた。
（3）沖縄県の子どもの貧困問題に詳しい、山内優子（沖縄大学非常勤講師、元沖縄県中央児童相談所所長）は、県行政は、米軍基地に関する対応で手いっぱいであり、子どもの福祉に関する施策が十分展開できなかった、と述べた（名桜大学総合研究所社会政策部門主催公開シンポジウム「沖縄から考える貧困と格差―その1：教育

福祉という観点から─」於：沖縄市、2011 年 11 月 26 日)。

（4）沖縄県子どもの貧困対策に関する検討会（山入端津由会長／沖縄国際大学）は、県の策定する「県子どもの貧困対策推進計画（仮称）」（仮称）」に、給付型奨学金制度の創設、児童館の増設、こども医療費助成事業の現物給付等を盛り込むよう提言した（提言書「子どもの貧困対策推進計画（仮称）に盛り込むべき施策等について」沖縄県子どもの貧困対策に関する検討会、2015 年 11 月 2 日)。これとは別に、沖縄県は、県総合教育会議（議長・翁長雄志知事）を開催し、子どもの貧困対策を盛り込んだ県教育大綱をまとめた（「琉球新報」2015 年 11 月 11 日)。

（5）「琉球新報」2015 年 8 月 22 日、10 月 21 日。

第2章　沖縄の子どもの貧困問題について考える
　　　　－近年の貧困対策をめぐる動向－

はじめに

　沖縄の子どもの貧困問題が社会問題化し、地元沖縄の新聞社の特集記事やルポが掲載されたのは 2015 年（平成 27）に入ってからである。過熱気味ともいえるマスコミの報道もあって、経済的な貧困や様々な困難を抱える子どもへの県民の眼差しは、実に温かい。だがしかし、沖縄の子どもの貧困問題を含む、子どもの生活を取り巻く厳しい環境は、近年になって顕在化し、深刻化したわけではない。少なくとも、沖縄戦後史を紐解き、人権や学習権の視点からみれば、子どもの権利侵害という言葉以上の厳しい事態が続いている。子どもの人権侵害をめぐる事件・事故は、敗戦後の 1945 年（昭和 20）〜 1972 年（昭和 47）の米軍統治下の基地環境との関係で頻発し[1]、復帰後においても、繰り返し発生している[2]。なぜなら、その主たる理由は、今日においても在日米軍専用施設面積の 70.6％が沖縄に集中しているからである。統治下の沖縄を顧みると、住民は、米軍基地との共生を余儀なくされた。とりわけ、基地周辺は米軍兵を相手にするバーやキャバレー等の飲食店が軒を連ね、それらは次第に密集し「特飲街」と呼ばれ、やがて「基地の街」を形成した。基地環境の中で生活している子どもや婦女子に対する暴行殺害等の凶悪犯罪の発生は住民の不安を駆り立てた。学校の施設設備は貧弱であり、高校・大学進学率は全国で最も低位であった。学力状況も同様な傾向が続いた。公私立園の保育園、幼稚園の整備は遅々として進まず、沖縄の幼少の子どもの就学前の公教育は未整備であった。この間の沖縄の子どもの教育保障は劣悪であったと言っても過言ではない。

　1972年（昭和47）5月の沖縄の日本復帰後、教育・福祉政策は日本本土の制度が適用され、日本国憲法のもとにおかれたことで一定程度の前進がみられたが、米軍統治下の立ち後れた子どもの教育・福祉に関わる諸課題を全て解消できているわけではない。復帰後の沖縄の振興政策は、少なくとも1970年代は本土との「格差是正」を目標としていたわけであるが、公共事業、観光、基地の「沖縄3K経済」を推進する高率補助や外発的な圧力を受けることで歪な社会構造が形成された。ことに、今日の沖縄の子どもを基軸に考えると、復帰後、沖縄と日本本土との「格差是正」が図られたというよりも県外との格差だけではなく県内格差も顕在化し、底辺層の家庭やその子どもの生活は益々逼迫している状況である。沖縄は復帰を境に、「本土並み」を目指して、施設設備のハード面の整備が急速に図られるが、今日においても県民一人当たりの所得は全国平均の68％、生活保護被保護実世帯数（千世帯当たり）5位、高校・大学進学率は全国最下位、離婚率1位である等、県民生活の向上には程遠い実状がある(3)。沖縄の「本土並み」政策は、復帰40年を過ぎた今でも、県民の生活保障を十分なし得ていない。

　米軍統治下の沖縄における日本復帰運動は、沖縄の教育研究をしている立場から言わせてもらえば、憲法第26条が謳う国民の教育権の保障とこれと合わせて考えるべき子どもの人権保障を目指すということであったはずであるし、そのために莫大な沖縄振興対策費が40年余も投下され続けてきた。その結果が今日の沖縄の子どもを取り巻く状況であるとすると、あの復帰対策と振興策の効果が実のところ、子どもの学習権や人権を保障するための枠組みを十分形成することが出来なかったという結論になる。否、振興策は推進されたが、あまりにも問題状況が複雑かつ深刻であるため、予算的にも施策の展開としても不十分であった、或いは、その途上であるという見方も成り立つ。その意味で、「沖縄問題」は、復帰後40年を経ても解決途上にある。

　以上の沖縄の戦後教育史を念頭におきながら、本報告は、子どもの貧困問題が顕在化した2015年（平成27）以降を中心に、沖縄県内でどのような議論と施策展開がみられたのかを検討する。特に、子どもの貧困問題の支援策

として開設された学習支援（無料塾）や子ども食堂、県の貧困対策推進計画、一般社団法人大学コンソーシアム沖縄による子どもの居場所学生ボランティアセンターの設立等の官民の動向をふまえながら、これからの子どもの貧困対策の方向性について考察する。

1．子どもの貧困状況とこれをめぐる論議

（1）沖縄県教育大綱と貧困率37.5％の戸室報告

　沖縄の日本復帰から40年後の2012年（平成24）5月、沖縄県は、「沖縄21世紀ビジョン基本計画」を策定した。これは、県民が主体的に沖縄の将来像を描き、実現のための道筋を提起したものである。「基本計画」を受けて、沖縄県教育委員会は、県の教育行政の指針となる県教育大綱（2015年11月）を作成し、その中に、「教育の機会均等を図るための子どもの貧困対策の推進」を盛り込んだ。「教育大綱」は、子どもの状況に応じた切れ目のない施策を総合的に推進することや貧困の世代間連鎖を断ち切ることを謳い、学校を子どもの貧困対策のプラットフォームに位置づけた。保護者に対しても、生活や就労、経済的な支援の充実を謳い、自治体や関係団体、民間企業等が連携・協働して取り組む体制の構築を提案している。県教育委員会は、昨今の子どもの貧困問題を反映して、子どもを含む家庭への支援策を鮮明に打ち出し、県民総ぐるみで、子どもの支援や貧困対策を明記している[4]。それらはつまり、沖縄の子どもの貧困問題が深刻な事態にあることの表れであった。

　沖縄の社会の実態に即した貧困対策をどのように進めるのかという議論の中、2016年（平成28）初頭、戸室健作（山形大学／社会政策論）の沖縄の子どもの貧困率37.5％の報告は、県内関係者に衝撃を与えた[5]。戸室の報告は、実に、3世帯に1世帯以上が貧困であるというものである。後述の沖縄県公表の貧困率とは異なるものの、戸室の指摘は、あらためて、沖縄の子どもの状況の厳しさを示しただけではなく、保護者のワーキングプアや非正規雇用率の高さ、生活保護受給対象者の世帯が制度から排除されている深刻な状況

を浮き彫りにした。子どもの生活支援に関わる関係者からは、予想を超える戸室の報告に驚き、子どもの貧困問題の根深さを指摘する声や子どもの置かれている状況に対して早急な対策を求める声が相次いだ。また、地元紙の「琉球新報」と沖縄県高等学校障害児学校教職員組合（高教組）合同の調査では、高校生の「昼食困窮」や校納金が払えない実態、家計を助けるためにアルバイト漬けの日常が報告された[6]。子どもの貧困問題と言えば、中学生までを対象に語りがちであるが、この合同調査により、高校生の支援についての議論と対応策が不十分であることが明るみになったといえる[7]。

（2）子どもの貧困問題と米軍統治・基地

　2015年度（平成27）は、県内において子どもの貧困問題を取り上げた講演会や研究会が相当数開催された。その中でも、特に、「第48回公的扶助研究全国セミナー」は、最も注目度が高かった。セミナー初日の山内優子（元沖縄県中央児童相談所長）の記念講演では、米軍統治下の沖縄では児童福祉を含む社会福祉に関する法制度の整備が遅れたこと、基地被害や米軍犯罪により子どもの人権が著しく侵害されたこと、復帰後においても、沖縄の児童福祉行政の貧困と本土との格差が埋まらないままになっていることを述べた。特に、山内は、夜間保育所の設置率の低さ、母子生活支援施設の不十分さを指摘している[8]。安里長従の「沖縄の貧困～その特徴と課題～」は、被生活保護世帯の補足率の低さ、地域コミュニティーへの参加の弱さ、欠食児童生徒の存在を指摘し、沖縄の貧困問題は、沖縄戦による荒廃と米軍統治、基地経済と沖縄経済の脆弱性、社会保障制度の整備の遅れ等、構造的な問題に起因していると指摘した[9]。これら山内並びに安里の報告は、本章の冒頭で述べた筆者の問題意識と重なるものである。

　比嘉昌也（沖縄国際大学）は、「経済的な困難が通常得られている人間関係や教育的機会を奪い、それらが進学率を低下させている」こと、「貧困が子どものさまざまな機会を剥奪している」と述べる。子どもの貧困の背景には、沖縄県が離島県であること、産業の脆弱と労働市場の狭隘、離婚率の高さ、

一人当たりの県民所得の低さ、持家率の低さを挙げている。比嘉は、貧困問題の対策のひとつとして、子どもの居場所（夜間含む）や学習支援の場の設置、スクールソーシャルワーカー（SSW）、コミュニティソーシャルワーカー（CSW）、ファミリーサポートセンターの役割に期待している[10]。また、国や地方の財政事情から社会保障制度が後退し、貧困が拡大している中、高田清恵（琉球大学）の貧困は生存権の侵害であり、当事者の権利意識が芽生え始めているという指摘は重要である[11]。

2．県内の子ども支援の動向─無料塾と子ども食堂の開設─

　2015年（平成27）から2016年（平成28）にかけて、県内では自治体やNPO、ボランティア団体等による子どもに対する支援活動が広がりをみせ、県民から行政や関係施設への寄付金の申し出や奨学金設立の要望が相次いだ。子どもの貧困対策として早くから設立されたのは、学習支援（無料塾）である。この学習支援事業は、複数の自治体で実施されてきたが、その事業は広がりをみせ、2015年2月の時点で、県内41市町村のうち、32の自治体で取り組まれている。特に、那覇市、沖縄市等の自治体では、毎年、子ども支援に関わる支援員と福祉行政担当者の資質向上と情報交換を目的にした会合が開催されている。名護市は、地元の大学と連携して中学生への学習支援事業を継続している[12]。宮古島市では、NPO団体による無料塾が開設され[13]、石垣島においても2016年度から始まった。無料塾に通う中学生の高校合格率と進学率は相対的に高率であり、貧困対策の事業として効果的であるという報告もあって[14]、貧困の状況の中での教育支援の重要性が注目されている。

　学習支援（無料塾）の広がりがみられる一方で、2015年度（平成27）からの顕著な動きは、子ども食堂の設立である。沖縄市の子ども食堂（キッズももやま食堂）の開設に続き、那覇市や浦添市等を含め、県内12ケ所で設立された[15]。子どもが食卓を囲み、交流する子ども食堂や行き場のない子ども

が集う居場所は、様々な課題を抱える子どもの支援の場として機能している。これら子ども食堂や居場所は、ＮＰＯやボランティア団体が担い、寄付金等で運営されている。沖縄県内で子ども食堂の開設が続いている中、浦添小学校では、ＰＴＡの組織として子ども食堂を設立した。同校の取り組みは、地域の子どもの課題について地域の学校と支援者が向き合い、支援活動を起こしたということで、貧困対策事業として一石を投じている。浦添小学校の取り組みは、地域の子どもの貧困問題を、食事の提供を通じて支援するものであり、学校が主体的に問題に関わるという意味で注目されている。

3．2016年度県政運営方針と県子どもの貧困対策推進計画

　翁長知事は、2016年度（平成28）の県政運営方針（2016年2月17日発表）の冒頭で、貧困の世代間連鎖を防ぐための施策について述べ、子どもの貧困対策を県政の重要課題として位置づけた。運営方針の「沖縄の『幸せ』を拓く─生活充実プラン─」では、「子育て・高齢者施策の推進」を設け、「沖縄県子どもの貧困対策推進計画」（以下、「推進計画」と略）に基づいた子どものライフステージに即した切れ目のない総合的な子どもの貧困対策の推進を宣言した。〝切れ目のない〟という表現は、これまでの各支援策が個別具体的でありながらも、全体としてみれば、〝切れ目〟があったことへの反省とこれの克服を意味するものである。知事の県政運営方針は、次の「推進計画」で具体化する。

　2016年（平成28）2月、「推進計画」の「素案」は、沖縄の子どもの貧困率29.9％を公表した(16)。戸室の調査に続き、県の調査においても子どもの生活をめぐる厳しい実態が明らかにされ、県民の関心はより一層高まった。「推進計画」は、県民からのパブリックコメントを反映して、同年3月にまとまった。以下、「推進計画」の内容を確認しておく。

　「推進計画」は、「第1章　計画の策定にあたって」「第2章　子どもの貧困を取り巻く現状と課題」「第3章　指標の改善に向けた当面の重点施策」「第

4章　子どもの貧困に関する調査研究」「第5章　連携推進体制の構築」から構成されている。第1章で明記されている「推進計画」の目的では、「貧困状態にある子育て世帯の保護者に必要な支援」を行い、その子どもが社会的に自立していくことを掲げる。そのために、「貧困状態で暮らす子どもとその保護者に支援者がつながる仕組みを構築し、県自ら又は市町村、地域の関係団体、広く県民等との協働体制を組織し、子どものライフステージに即して切れ目のない、また、個々の子どもが抱える問題の解決に資する施策を総合的に展開」するとしている。2022年（平成34）3月には、児童虐待・いじめの減少、欠食児・孤食児の減少、青少年犯罪の減少、不登校や中途退学の減少、大学進学率の増加、ニートの減少、親の就業率の向上と所得の増加等による貧困状態からの脱却を目指している。第2章は、沖縄の子どもの貧困状態を数値で示し、実態把握のための調査研究の重要性と関係機関や県民運動としての展開を提案している。特筆されるのは、子どものライフステージに応じた「つながる仕組みの構築」と子どもへの支援、そして保護者への支援等を明記した第3章である。同章は、「推進計画」の中で最も分量が多く割かれている。

　第3章は、子どものライフステージ（乳幼児期、小・中学生期、高校生期）に応じて、「支援を必要とする子どもや子育て家庭につながり、適切な支援機関等へつなげる仕組みを構築する」としている。そのため、「関係する支援者の確保と資質の向上」に取り組むことを明記し、それぞれのライフステージにおいて、教育の支援と生活の支援に分けているのが特徴的である。小・中学生期から高校生期では、学校を〝プラットフォーム〟とした総合的な子どもの貧困対策の展開として位置づけ、教育の支援として、自己肯定感を育む支援と学力の保障、地域による学習支援、就学援助の充実等を挙げ、生活の支援としては、子どもの居場所の確保等を記している。特に、高校生期では、就学継続のための支援、キャリア教育の推進、高等教育の機会を保障する奨学金制度等の経済的支援の充実を謳っている。子どもへの支援に加えて、保護者の自立支援、ひとり親家庭への支援、住宅支援、親の就労支援等にも

目配りした内容となっている。さらに、「沖縄県子どもの貧困対策推進基金」の創設も提言している。

「推進計画」は、沖縄の子どもの貧困状態をとらえ、教育と生活の支援を適切に進める方針をもち、子どもの貧困に関する指標及び目標値を挙げている点が特徴的である。たとえば、被生活保護世帯に属する子どもの高等学校等進学率は、2013年（平成25）は83.5％であるが、2021年度（平成33）の目標値を全国平均並の90.8％（2013年の全国）を目指すとしている点である。子どもの貧困状況を把握し、これに対する具体的な支援策を検討し、達成度目標を設定している点は、評価してもよい。また、行政や教育、福祉、経済労働関係団体による「子どもの貧困解消県民会議（仮称）」設置を位置付け（2016年6月「子どもの未来県民会議」として正式発足）、全県挙げての体制で貧困対策を推進することとしている。県の推進計画は、様々な視点から貧困対策を検討した結果、まとめられたものであるが、優先順位を考え、限られた予算を低所得者向けの支援の拡充を図る必要があろう。

4．子どもの貧困対策事業の展開─内閣府・自治体・大学─

（1）内閣府沖縄振興局の子どもの貧困対策事業と自治体の取り組み

2015年（平成27）12月1日、沖縄県は市町村との意見交換後、「沖縄の子供の貧困対策のメッセージ」を取りまとめた。メッセージは、子どもの貧困対策事業の推進のためには、国と自治体の連携が重要であるとし、また市町村は貧困対策の最前にあること、さらには貧困の連鎖は、沖縄社会全体に影響を与えるとの認識から、経済界や教育界等の協力を訴え、県民一人一人が当事者意識を持つことを期待している。沖縄の子どもの貧困問題は、内閣府沖縄振興局を所管とし、同対策事業の事務をとりまとめている。島尻安伊子・前参議院議員（当時、内閣府特命担当大臣／沖縄及び北方対策）は、2016年度（平成28）の沖縄振興予算に子どもの貧困対策費として10億円（沖縄子供の貧困緊急対策事業、補助率10／10）を追加した。補助率が100％であること

自体が異例中の異例であり、島尻前大臣の肝いりの政策として報道された。同対策事業費は、現在、子どもの貧困対策支援員の配置と子どもの居場所の運営支援に充てられている。支援員は、新規で 100 名程を採用し、その役割は、各地域の現状の把握と学校や学習支援施設、居場所づくりを行うＮＰＯ等の関係機関との情報共有や子どもを支援につなげるというものである。ただし、当初から、専門性を有した人材の確保や待遇、人材の質保障を担保する研修の実施については、課題が指摘されていた [17]。子どもの居場所の設立については、地域の実情に応じて、食事の提供や共同での調理、生活指導、学習支援を行うとともに、キャリア形成の支援を随時行うことを目指している。居場所の運営主体はＮＰＯや児童館、市民団体等を幅広く想定し、すでに運営している子ども食堂も補助の対象になる。親が夜間に働いている子どもの深夜徘徊を防ぐため夜間での開所や、車での送り迎えも補助の視野に入れている。

　島尻前大臣による 10 億円の予算の追加は、今後 6 年間継続していく予定であるが、事業予算を効果的に活用していくことは重要である。県内の中でも一人当たりの所得が最も低く、高校・大学進学率が低迷している本島北部地区では、北部 12 市町村長と大学関係者が子どもの貧困問題について意見交換し、効果的な予算の使途についての議論を深めた [18]。沖縄県も、「推進計画」で明記した基金 30 億円（「県子どもの貧困対策推進基金条例」による「子ども貧困基金」設置期間：2016 年度〜 2021 年度）を活用しての貧困対策を展開する方向で議論している。また、全国と比べて割高な学童保育料の補助、給付型奨学金への基金活用、就学援助への充当の声があり [19]、また、就労訓練を兼ねた若者支援施設の整備、学生寮、通学バス無料券、給食費の無料化、運転免許取得への助成制度の整備の要望もある [20]。生活困窮世帯からすれば、学校給食の無料化は切実であるが、無料化を実施している自治体は 2 町 3 村、独自の予算で助成制度を設けている自治体は 18 市町村であり、市町村により給食費の補助率が異なっている [21]。2016 年度（平成 28）から、児童養護施設出身の子どもの退所後の支援が不十分な現状から、無利子の家賃

補助、生活費補助、資格取得補助を始めている[22]。

（2）大学コンソーシアム沖縄の取り組み

　島尻前大臣は、貧困問題に取り組む市民団体や県内の 11 高等教育機関との懇談会を重ね、特に、「沖縄の子供の貧困に関する島尻大臣との懇談（2016年 2 月）」で提案されたのは、琉球大学内に学生ボランティアセンター（仮称）を創設し、学生を学習支援教室や子ども食堂、子ども向けアクティビティへ派遣するというものである。そもそも、大学コンソーシアム沖縄によるボランティアセンターの設立は、昨今の沖縄の子どもの貧困状況が深刻になっていること、大学コンソーシアム沖縄の定款第 4 条第 6 号の「小中高大連携活動」と第 9 号の「各種の地域社会貢献」が謳われていることが理由である。また、先述したように、県は子どもの貧困対策事業として、基金 30 億円を拠出し、各自治体も施策を始動している中、県内大学も重い腰を上げざるを得なくなったというのが実情に近い。実際、学生ボランティアセンター（仮称）をめぐる県内学長の会議では、生活費や授業料を稼ぐためにアルバイトをしている学生を安易に派遣させることに異議が出された。これに対して、会議を主催した内閣府は、「学生がボランティアに持続して参加するために民間企業に経済的な協力を求め、有償ボランティアの態勢を確保することが大切だ[23]」とした。県内大学の学生の中には、学費や生活費を稼ぐために日夜アルバイトをしなければならない者も多く、地域活動としてのボランティアへの関心はあるが、それを許さない学生事情がある。ボランティアへの対価を支給することで、地域活動へ目を向ける学生が増えていくことは期待されるが、地域のニーズをとらえ、学生を派遣する組織の運営をどのようにつくるかが問われるであろう。最終的にボランティア学生には、企業等からの寄付金を原資とした謝礼支給となった[24]。

　2016 年（平成 28）4 月、子どもの居場所学生ボランティアセンター（以下「ボラセン」と略）は始動した[25]（「子どもの居場所学生ボランティアセンター実施体制図」参照）。ボランティアを希望する学生は、ボラセンに登録し、事前研

修の修了後、学習支援の場や子ども食堂、居場所等へ派遣されている。ボラ
センは、派遣先と学生の日程と交通手段の調整、学生へのメンター制の確立
等、様々な課題をクリアしながらの運営を行っている。なお、沖縄の経済界
（沖縄経済同友会、県経営者協会）は、子どもの貧困の改善に向けて所得や雇用
の安定の必要性を検討し始めた[26]。経済界が貧困問題に関心をもったこと
は大きな前進である。

　2016年（平成28）12月現在、ボラセン主催の事前研修を修了した36名
の学生が沖縄本島の6つの自治体（子どもの居場所11箇所）に派遣されてい
る。居場所の責任者や支援を受ける子どもからの評価は上々である。ボラセ
ンは、今後、宮古島や石垣島等の離島での活動も視野に入れて検討を始めて
いる。県内の大学の支援を受けながら学生が地域の活動に参加し、子どもと
関わることは貴重な経験であるが、「居場所」の支援者としての役割やその
あり方を検証していく必要があろう。なお、文科省、厚労省は、2016年2

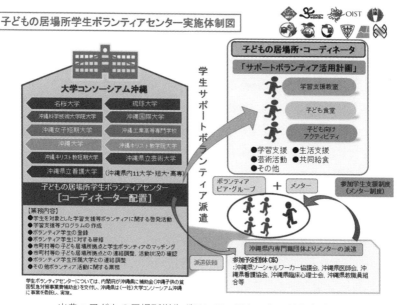

出典：子どもの居場所学生ボランティアセンターＨＰより

月に、国公私立大学等に対して地域の無料塾や居場所づくりの場への学生ボランティアの参加を促す文書を発送し[27]、学生を含めた地域人材の活用を図ろうとしている。子どもを支援する人材のネットワークが広がることで、より効果的な支援体制が期待できるであろう。

おわりに

　沖縄の貧困問題の根本的な解決のためには、低所得者層の世帯の収入を安定的に引き上げる施策が必要である。所得増加のためには、最低賃金（714円／2016年10月、全国平均823円）の上昇、企業誘致、地場産業の振興等の沖縄の経済政策や産業振興政策が不可欠である。産業振興による財政の安定と諸施策の展開により、貧困対策はより効果的に進むものと考えられるが、先の「推進計画」には、こうした視点からの子どもの貧困対策に関する言及はない。子どもの貧困は大人の貧困であり、社会の貧困である。マスコミも沖縄の貧困問題は、沖縄戦とそれに続く米軍占領という構造的な問題であると主張し[28]、政治学者からは、沖縄振興事業による箱モノの乱立は維持管理費による自治体財政の圧迫を招き、経常経費の削減や、教育福祉等の予算が削られているという指摘もある[29]。沖縄の貧困問題を歴史的な問題として位置付けながら議論し、効果的な支援体制の構築が求められているといってよいだろう。子どもの貧困問題は国内の社会問題として浮上し、その対策費として自治体の新年度予算にも反映されている。具体的な政策に対して効率的に予算を充て、その効果の程を検証することも大切である。

　本章で取り上げた、子ども食堂の取り組みやボラセンの設立・運営は、住民や企業からの寄付、国や県の補助金で運営されている。子どもの貧困問題の解決には、先述した構造的な問題点の整理と抜本的な対策を行いながらも、目の前にいる支援を必要としている子どもの声に寄り添いながら対策を講じていく必要がある。その意味からも、一時のブームに終わらせない、持続的な取り組みと子どもの置かれている実態把握に基づいた支援の在り方の

検討と展開が求められている。県内では子ども食堂が設立され始めているが、そこに通う子どもの中には、〝本当に必要とされている子どもが通っているのか〟〝支援が必要とされている子どもは、実は、来ていないのではないか〟という声も聞く。島嶼県である沖縄は、数多くの有人島を有し、こうした離島や山間部の子ども支援の在り方についても議論を深めるべきであろう。支援を必要としている子どもの実態に即した細やかな支援態勢の構築は、今後の重要な検討課題となっている。

〈注及び引用文献〉

（1）戦後、沖縄の住民にとって最も衝撃的であった事件は、1955年（昭和30）に発生した米兵によって暴行殺害された由美子ちゃん事件である。子どもの人権侵害事件については、嘉納英明著『戦後沖縄教育の軌跡』那覇出版社、1999年の第3部「沖縄の教育隣組・子ども会の研究」を参照。

（2）復帰後も度重なる事件事故は頻発したが、1995年（平成7）に発生した米兵3名による少女乱暴事件は、県民の反基地感情を一層高め、これまでにない米軍基地の整理・縮小を推し進める運動の直接の引き金となった。

（3）沖縄県統計協会『平成27年版100の指標からみた沖縄県のすがた』平成27年10月、参照。

（4）沖縄県教育委員会『沖縄県家庭教育支援推進計画〝家〜なれ〜〟運動』2014年。同計画は、家庭教育に関する今後の方向性を示した内容と保護者の学び合いプログラムを掲載している。沖縄県教育委員会は、県内各地で学び合いの講座を開催して家庭教育の向上に関する啓発を実施している。

（5）「琉球新報」2016年1月5日。詳細は、戸室健作「都道府県別の貧困率、ワーキングプア率、子どもの貧困率、捕捉率の検討」（『山形大学人文学部研究年報』第13号、2016年3月、45頁）。

（6）「琉球新報」2015年12月24日。

（7）2016年（平成28）4月から、厚生労働省は、低所得世帯に属する者が高等学校、大学又は高等専門学校に修学するために必要な教育支援資金を加算し手厚くしているが、こうした施策の充実・強化が益々期待されている（厚生労働省HP「生活福祉資金貸付条件等一覧」、2016年2月22日閲覧）。

（8）『第48回公的扶助研究全国セミナー（レポート・資料集2015沖縄）』9〜16頁。

（9）同上、53〜56頁。

（10）同上、117〜120頁。

（11）「琉球新報」2015年12月7日。

（12）2013年（平成25）5月、沖縄本島北部唯一の四年制大学である名桜大学は、名護市との連携で市内の困窮世帯の中学生への学習支援事業を始めた。学内の教室に中学生が通学バスで通う。週3回、1日2時間である。拙著「生活困窮世帯の中学生への学習支援事業と学生ボランティアの学び」（日本生活体験学習学会『日本生活体験学習学会誌』第15号、2015年、所収）参照。

（13）宮古島市のＮＰＯ法人あらた（代表・島尻郁子）は、2012年度（平成24）から、小中学生対象の支援事業を始めている。宮古島では唯一の無料塾である。「あらた」は、地域の課題を自覚している諸団体の交流の場としての役割を果たしつつ、様々な困難を抱える子どもの支援を行っている。地域社会福祉に造詣の深い島尻氏は、地域の教育と福祉の課題をトータルにとらえ、地域の支援の拠点として「あらた」の活動を進めている。（筆者訪問2016年2月20日、於：宮古島市）。

（14）「平成26年度 第1回子ども健全育成事業8市会」の配付資料（2014年5月30日、於：浦添市役所）。

（15）「琉球新報」2016年1月28日。石垣島こども食堂は、同年2月に開設。

（16）沖縄県の子どもの相対的貧困率は、沖縄県、沖縄県子ども総合研究所の指示を得て、沖縄県下の市町村の協力のもと、阿部彩（首都大学東京／子ども・若者貧困研究センター所長）が推計した（「沖縄子ども調査結果概要 中間報告」2016年1月29日、http://www.pref.okinawa.jp/site/kodomo/shonenkodomo/documents/okinawakodomotyousa-hinkonritusuikei.pdf、2016年3月29日閲覧）。特に、子ども時代の生活が「大変苦しかった」と答えた保護者のうち、現在も困窮経験があると答えたのが約4割以上であることも明らかになり、貧困が連鎖している傾向が浮き彫りになっている（「沖縄子ども調査 調査結果概要版」平成28年3月24日）。

（17）「琉球新報」2016年3月20日。

（18）2016年（平成28）3月1日、沖縄本島北部地区12市町村長と名桜大学の間で、北部地区の子どもの置かれている状況と貧困対策についての意見交換があった。子どもの生活・教育をめぐる状況と彼らの要望に対してどのような政策を取るべきかについての議論であった。例えば、高校生と大学生への給付型奨学金の拡充、離島

出身者へのアパート代への補助、通学バス代への補助等の要望があった（於：北部
会館）。

(19)「沖縄タイムス」2016 年 2 月 25 日。

(20)「琉球新報」2016 年 2 月 25 日。

(21)「琉球新報」2016 年 3 月 7 日。

(22)「琉球新報」2016 年 2 月 25 日。

(23)「琉球新報」2016 年 4 月 15 日。

(24)「沖縄タイムス」2016 年 2 月 22 日。ボランティアセンター（仮称）による学生
派遣に係わる経費（謝金）は、経済界からの寄付を充てると報道された。また、沖
縄子どもの貧困緊急対策事業費の中の 2,600 万円の予算は、ボランティアセンター
の専任職員の人件費、活動費等に充てられている。

(25)「一般社団法人大学コンソーシアム沖縄　子どもの居場所学生ボランティアセン
ター設置要項（2016 年 4 月 14 日制定）」は、センターの主な業務として、学生を
対象とした学習支援ボランティアに関する啓発活動、学習支援プログラムの開発作
成、学生ボランティアの登録と事前研修、子どもの居場所と学生ボランティアの派
遣に関するマッチング、子どもの居場所拠点との連絡調整及び派遣した学生ボラン
ティアの活動状況の確認等となっている。なお、すでに、学生ボランティア（教職
インターンシップ）を単位化している沖縄大学、単位化はしていないが、大学と教
育委員会、学校等と学生派遣システムを構築し、機能させている名桜大学がある。

(26)「琉球新報」2016 年 2 月 24 日。新聞報道によると、沖縄経済同友会は、那覇市
内で開かれた島尻安伊子沖縄担当相（当時）との意見交換会の席上、貧困問題の改
善に向けて企業や経済団体を挙げて取り組む決意を示した。会合で沖縄相は、①ひ
とり親の雇用促進、②子どもの居場所の支援、③貧困世帯への学習支援を行う学生
ボランティアへの経済支援、④奨学金の拠出―に経済界の協力を要請。その上で「賃
金や正規雇用への引き上げ、企業内保育施設の整備も考えられる。各企業の特色を
生かした取り組みをお願いしたい」と企業の担う役割に理解を求めている。

(27)「文科生第 650 号、雇児発 0210 第 3 号、社援発 0210 第 15 号　平成 28 年 2 月
10 日」。同文書は、学生ボランティアや地域住民等の協力による学校と連携した原
則無料の学習支援（地域未来塾）やひとり親家庭の子ども向けの学習支援事業、生
活困窮世帯等の子どもに対する学習支援事業等、各地域で実施されている学習支援
活動について、学生ボランティアの参加促進の取り組みの例として、次のような点

を挙げている。①大学等と教育委員会及び福祉部局との間における、地域の学習支援活動に関する情報の共有、②ボランティアサークル等に対する地域の学習支援活動の周知や参加の呼びかけ。

(28)「沖縄タイムス」2016 年 2 月 29 日。

(29) 島袋純著『「沖縄振興体制」を問う―壊された自治とその再生に向けて―』法律文化社、2014 年、8 頁、199 頁。

第3章　子どもの貧困対策としての「無料塾」の設立 ―沖縄県内の取り組みを中心に―

はじめに

　本章は、県内における要保護・準要保護世帯の中学生に対する無料の学習支援事業（以下、「無料塾」とする）の実態把握を目的にしている。県内の無料塾は、主に沖縄本島の8つの市で先行的に実施され、そのうち、名護市と南城市を除く6つの市の支援事業は、行政から外部への委託型であり、与那原町と宮古島も同じ形態で事業が進められている。ここでは、まず、県外の無料塾の視察の機会を得たので、これの紹介を行い、次に、県内の無料塾の運営と実際を関係資料の分析と聞き取りにより、その成果を明らかにすることで、無料塾設立の教育的意義について考察をする。

1．子どもの貧困対策としての学習支援事業

　子どもの貧困をめぐる諸問題が深刻な社会問題として認識されるなかで、貧困対策のために制定されたのが「子どもの貧困対策の推進に関する法律（2013年6月）」である。この法律は、子どもの貧困対策を総合的に推進することを目的としたものであり、子どもの健やかな成長を育む環境の整備と教育の機会均等を図ることを主眼としている（第1条）。同法は、子どもの貧困対策の総合的な推進を謳い、教育、生活、就労、経済的な支援等の施策の展開を規定し、これらの子どもの貧困対策は、国や地方公共団体の連携による総合的な支援によるものとしている（第2条）。既に同法制定の前から、自治体の中には、教育支援策として、特に、生活保護受給世帯の児童生徒に対し

て学習支援事業を始めている。この事業は、高校卒業程度以上の学歴取得と同時に就業につなげ、自立した社会人として社会生活を営むことを期待しているといえる。また、学習支援事業は、義務教育終了後の、ほぼ準義務教育化した高校教育の保障を担保するという意味でも重要である。内田充範は、これらの「公費による無料塾は、『現在の経済的な格差に伴う教育機会の不平等を是正することであるとともに、将来の経済的格差の是正につながる貧困の連鎖を断ち切る取り組みと考える』として評価し、教育の機会均等の実現が、生活に困窮する世帯の子どもの将来の経済的安定を可能とし、親世代から子どもへの貧困の連鎖を断ち切ることにつながる」と述べている[1]。

　ここで、自治体の学習支援事業に関して、個別訪問した事例を、以下、紹介する。

①東京都江戸川区の取り組み

　東京都の補助事業である「受験生チャレンジ支援貸付事業」は、中学3年生と高校3年生を対象に、学習塾等の費用や、高校や大学等の受験費用についての貸付を行うことにより、一定所得以下の世帯の子どもへの進学支援を目的としている。2014年度（平成25）の江戸川区では、約250人に貸付が行われ、高校や大学に進学すれば、返還は「免除」となる仕組みである。一方、補助事業とは別に、江戸川区には、30年以上の歴史をもつ、ボランティアの有志による「江戸川中3勉強会」があり、現在、小岩区民館において、週2回、1日2時間の学習支援事業が行われている。区からの財政支援はなく、手弁当のボランティア活動である。主宰者の若井田崇（江戸川区子育て支援課計画係）は、学生時代から「勉強会」に関わり、現在も区の職員として勤務しながら、ボランティアで「勉強会」を運営している。関係するスタッフは、息の長い活動を続けるため、生徒の状況を見極めながら、個々に対応し、無理をしないことが〝コツ〟であることを語っている[2]。

②神戸市灘区役所の被保護世帯向け学習支援事業

　2014 年度（平成 26）、灘区役所は、特定非営利活動法人ブレーンヒューマ
ニティー（BH）を学習支援事業の委託先として決定した。区内の生活保護
世帯の小中学生を対象としている。毎週 2 回、三宮駅に隣接する勤労市民セ
ンターにおいて、学習支援事業を実施している。火曜日は小学生と中学生支
援、金曜日は中学生のみの支援である。支援者は、BH の女性スタッフと学
生ボランティアである。中学生は学年毎に座り、あらかじめ決められた学生
ボランティアのもとで、学習を始める。個別指導である。学習プリントは、
公文のようなスモールステップ教材を採用し、学生は、学習支援後、生徒の
学習内容を記録する。駅と隣接するセンター内で支援教室が開かれているこ
ともあって、利便性はよい。小中学生は、電車、自転車、徒歩にて教室に通っ
ている。電車等の交通手段を使った場合、通学に係る費用は、役所から予算
が充てられる。また、小中学生には、市役所の予算で保険が適用されている。
定期的に、BH のスタッフと学生による情報交換会が行われている。区役所
からの委託は 1 年間毎の入札となっているため、次年度の方向性を決めるこ
とは困難な状況である⁽³⁾。

③宮崎県高鍋町社会福祉協議会の「社協塾」

　高鍋町社会福祉協議会は、宮崎県社会福祉協議会の「社協・生活支援まち
づくり強化モデル事業」の助成を受け、「社協塾」を開設した。井上敏郎（高
鍋町社会福祉協議会事務局長）は、生活困窮者自立支援法施行前に全国各地の
市町村でモデル事業が実施され、一部生活困窮世帯の子どもの学習支援事業
を行っている情報を得て、また宮崎県内の子どもの貧困問題が深刻化してい
るなか⁽⁴⁾、県社協へ助成を申請したのだと述べる。高鍋町の生活保護率は
県内 17 町村で 4 番目に高く、準要保護児童・生徒数 112 人（小中学校児童生
徒の 6.6％）、離婚率 38％、ひとり親世帯数 361 世帯（全世帯数の 4.1％）の実
態であり、井上は、行政や教育委員会の「一人でも多くの子どもたちを負の
スパイラルから脱することができるように支援したい」との願いを受けて、

「社協塾」を設立した(5)。当初の「社協塾」は、生活困窮世帯の児童生徒を対象に募集したが、保護者の抵抗感もあって申し込みは皆無であった。現在は、「ひとり親世帯」、「毎日が忙しく家庭でゆっくり勉強を見てあげられない世帯」の小学5年生から中学2年生まで対象を拡大している。これにより、通塾している家庭の世帯収入は、母子世帯の170万円から共働きの780万円まで拡大し、この学習支援事業は助成事業の目的に合致しているのか、関係者は事業の在り方を模索している。

　①東京都江戸川区の「勉強会」は、自主的・自発的な市民による学習支援事業であり、昨今の子どもの貧困問題に突き動かされて始まったものでない。支援者の気負いのない自然体のボランティア活動が30余年の実績となっている。支援者は入れ替わるが、「細くとも長く続けることの大切さ」を教えてくれる「勉強会」である。自分自身に余裕がある時に支援に入るという気楽さが継続できる主たる理由であろう。

　②灘区役所の委託を受けたNPOは、熟練したスタッフと学生ボランティアによる学習支援である。学習支援を受けたい小中学生にとって、「容易に通える場所」があることは重要である。一方で、行政とNPOの間では、単年度契約であるため、次年度を見通した事業計画を立案することの困難さが付きまとう。

　③高鍋町の「社協塾」は、子どもをめぐる生活環境の厳しい、宮崎県の地方での取り組みである。小中学生にとって「社協塾」へのアクセスは容易であるが、当初、子どもを「社協塾」に通わせることは、ソトに対して自身の貧困状況を知らせるものとして保護者の抵抗感があった。それゆえ、受講生が全く集まらなかった。高鍋町の事例は、対象をどのように設定するのか、支援が本当に必要な児童生徒をどのように受講させるのか、という学習支援事業を展開している自治体の共通の課題である。

2．沖縄の子どもの貧困問題と「無料塾」設立の動向

　子どもの貧困問題は、保護者の経済的な問題でもある。全国平均の7割程度の年間所得の沖縄では、子どもとその家族をめぐる状況も厳しい状況が続いている。失業率や離婚率、給食未納率、「できちゃった婚」の割合も全国一で、余裕のない厳しい家計で子育てをせざるを得ない姿が浮かび上がる。一方で、年間所得 1,000 万円以上の納税者の比率が全国上位にあって、沖縄は、既に格差社会が形成されているという指摘もある[6]。また国立大学附属学校や高偏差値への大学進学率において実績のある私立中高校に通わせることのできる家庭の中高収入層は、沖縄本島の中南部に集積し、北部地区や離島地区との格差は益々拡大している。北部地区の人口減少は小中学校の統廃合を招き、今では、高校の統廃合問題が地域の深刻な課題となっているが、中南部地区は、小学校の新設が相次いでいる。

　ところで、貧困と格差のなかで、最も厳しい生活を強いられるのは、ひとり親世帯や被保護母子世帯である。沖縄本島北部地区にある地方都市、名護市の被保護母子世帯は日々の生活を送るだけが精一杯であり、母親の学歴・結婚生活も決して豊かなものではない。被保護母子世帯の母親（名護市、2011 年調査）は、「大学や短大等の高等教育機関へ進学せず、早くから婚姻関係に入り、子どもを複数名出産するが、結婚生活は長続きしない[7]」というのが実像に近い。生活困窮世帯へのフードバンクを進めている自治体も現れた[8]。こうした状況の中で、自治体による生活困窮世帯の学習支援はどのように行われているのだろうか。

　2014 年度（平成 26）2月現在、国の全額負担の「緊急雇用創出事業臨時特例基金」により、那覇市を含む沖縄本島の8つの自治体（全て市、ただし、名護市のみ市予算を活用）は、県の委託協力を受けたり、あるいは自治体主体の学習支援事業（無料塾）を進めたりしている。この事業により、要保護世帯（名護市のみ準要保護も対象）の中学生の高校合格率と進学率は、着実な実

績を示した⁽⁹⁾。高校合格率と進学率は、学習支援を受けていない生徒より
も高率であり、また学習支援を受けた場合、合格すればほぼ進学している。
学習支援を受けていない生徒の場合、高校を合格しても進学しない割合は高
いことも示している。「無料塾」はそこに通う中学生に対しての教育的な効
果のみではなく、支援活動に関わっているボランティア学生の学びを深めて
いる点も見逃せない。例えば、ボランティア学生は学習支援を通して、中学
生の内面理解をおもんぱかったり、自身の教職観を含む職業観の省察を深め
たりしている。これと関連して、宮武正明は、「学生たちは、子どもたちの
学習支援を通して、社会人として教員あるいは福祉の現場で働く時に役立つ
学びができている。学生たちの学びと変化にも、学生の学習支援の場づくり
のもう一つの意義がある」、「何から教えればよいか戸惑う状態の学力のあっ
たなかで、3名の学生スタッフは、この困難な個別指導の中で教育方法を学
ぶことができた⁽¹⁰⁾」と指摘している点と重なる。

　2015年度（平成27）からは、先の「特例基金」に代わり、「生活困窮者自
立支援法」の施行に伴い、国の補助は1／2に減額され、一時、学習支援の
事業継続が危ぶまれたが、2015年度においても「無料塾」は継続され、ま
た与那原町や宮古島市のおいても新規事業として開始された⁽¹¹⁾。これまで、
県内における学習支援事業は、本島内の市部を中心に行われてきたが、今
後は、離島や地方においても支援事業が期待されている。県内で唯一、自治
体と大学との連携事業を行っているのは名護市である。2013年度（平成25）
から、名護市は地元の名桜大学との連携事業を進めている⁽¹²⁾。名護市社会
福祉課借用のバスにて、市内の生活困窮世帯（要保護、準要保護）の中学生を
乗せ、大学の教室で学習支援ボランティアの学生により支援活動を行ってい
る。週3回1日2時間の支援である。2015年度（平成27）からは、市役所
からバス運行費や消耗品費等を含む予算（400万円）が、大学に業務委託され、
大学の判断で支援事業を展開することができた。

3．外部委託型「無料塾」の運営
　－ＮＰＯ法人エンカレッジ（那覇市）の取り組み－

　那覇市（人口32.2万人／中核市）の学習支援事業の特徴は、①児童自立支援員による家庭訪問を通じて支援対象者の生活環境も把握した上で、一人ひとりの状況に応じた支援を実施していること、②学習支援と不登校児童の事業を、それぞれの専門性の高いＮＰＯ法人に委託していること、以上の2点である。那覇市は、2010年度（平成22）から児童自立支援員を配置し、翌年度には学習支援事業を進め、2013年度（平成25）は生活保護世帯で引きこもりや不登校の中学生の居場所づくり支援事業（kukulu）を立ち上げている。特に、後者の居場所づくり支援事業は、市の子ども居場所づくり支援事業に引き継がれている。これらの事業について、市保護管理課自立支援班は、「生活保護の家庭は貧困を理由に孤立しがちであるが、関係者が協力し、負の連鎖を断ち切るための取組」であると位置づけている[13]。

　那覇市の学習支援事業は、市内の生活保護世帯の中学生300人を対象にしたものである。児童自立支援員が対象者の家庭を訪問し、学校等の関係機関と連携しながら、子どもの高校進学に向けての教室を市内2ヶ所で展開している。市の委託を受けているＮＰＯ法人エンカレッジ（以下、「エンカレッジ」と略）は、企画公募プロポーザルにより選定された。坂晴紀・代表理事は、学習塾の経営を通して、「経済的な理由から勉強することを諦めてしまう子どもたちの多さを目の当たり」にしたことがきっかけで、生活保護世帯や就学援助の児童への通塾支援から活動を開始した、と語る。

　児童自立支援員は、生活保護ケースワーカーと一人ひとりの対象者実態把握を行い、対象者のリスト作成、那覇市内17中学校へ調査票を送付し、就学状況、問題行動の有無、病気の有無、部活への参加、学力等について記入・返送してもらう。その回答をもとに、児童自立支援員は家庭訪問で状況を確認後、無料塾への案内を行っている。次に、エンカレッジの職員が保護者・

本人と面談して支援内容を説明した上で、両者の同意が得られれば通塾開始
となる。その際、個別のアセスメントシートを作成して、一人ひとりに合わ
せた支援計画を作成する。以下、学習支援教室の運営の状況である。

①教室立地	２つの支援教室は、県庁、市役所近郊に立地し、利便性が高い場所にある。通塾生は、バスやモノレールで通い、交通費は、市役所から支給される。
②学習時間	月曜日〜金曜日の 14:00 〜 21:30 に開き、通塾生は時間帯内で自由に参加できる。
③対象学年	主に中学１年〜中学３年生を対象にしているが、小学生や高校生も希望があれば受け入れている。
④支援方法	基本的には、個別支援である。一人ひとりの状況に合わせて講師（エンカレッジの職員）が教材・課題を用意し、指導する。学習スタイルとしては、少人数一斉指導、パソコン授業、学校課題対策授業等がある。
⑤キャリア教育	イベント等を通したキャリア教育として、社会人に仕事の内容や体験を語ってもらったり、映画鑑賞を通じて職業、進路を考える機会を設けたりしている。

　エンカレッジは、那覇市を含む自治体からの委託で６つの支援教室を運
営し、高校進学に向けての進路相談や学習のサポートを進めている。また、
中学生が安心して過ごせることが出来るように「居場所」としての機能も重
視している。エンカレッジ那覇教室長は、この点と関わって次のように述べ
ている(14)。

　　中学生にとっての居場所の意味は大きいですね。支援教室が開いてい
　る時間帯をなるべく多く取っているのも、不登校の子どもが他の子ども
　と重ならないようにしているからです。実際、学校には、何年も行って

いないけど、エンカレッジの教室に通う子どももいます。また、高校進
学後も、教室に勉強を教えに来る高校生もいます。卒業生に教室でパー
ティを企画してもらい、高校生と中学生との交流会を実施することもあ
ります。こうした手作りのイベントは、居場所づくりとして大きな役割
を果たしていると考えています。

　理事長の強い意向もあって、エンカレッジでは、学習塾のノウハウを
活かして、生徒との個別面談や保護者とも信頼関係を築いています。ま
た、イベント活動（「表1．2014年度キャリア教育・イベント活動（那覇学
習支援教室第1・2教室）」参照）を通して、生活面での自立を目標にし、生
徒同士・講師との絆づくりから、心の成長・自立を目指す活動を進めて
います。これらは、将来の社会的自立へ繋げていく支援と言えるものだ
と思います。6つの教室の中学生が集まり、これまでの教室での成果を
発表したりすることで、生徒同士が協力して作品制作や発表をすること
で、他者との関わりを学び、自信につなげる良い機会となっています。（傍
点—筆者）

表1．2014年度キャリア教育・イベント活動（那覇学習支援教室第1・2教室）

実施月	イベント名	内　容
6月	ENC3プロジェクト〜夢への一歩〜	エンカレッジに「投資」された500足。この靴をきっかけに(Chance)、夢に挑戦し(Challenge)、自分を変える（Change）企画。
	卒業生と企画、教室長「誕生日会」	卒業生が中心になって、教室長の誕生日をサプライズで祝う。
	水産先生のキャリア教育	地元の漁師から話を聞き、マグロの解体、もずくの調理等を学ぶ。

7月	那覇市の地域探検「まちまーい」	フィールドワークを通して生まれ育った那覇、沖縄を知り、アイデンティティを考える機会。
	エンカレッジ教室合同「成果発表会」VOL.1 〜教室じまん〜	6教室の生徒が集い、日々の成長や教室での成果を発表。生徒同士が協力して作品制作や発表をすることで、他者との関わりを学び、自信につなげる企画。
10月	生徒企画「キズナ作りイベント」	たこ焼きパーティ、映画鑑賞会等を通して、先輩後輩を含めた生徒同士のつながりを作る企画。
	エンカレッジ教室合同「成果発表会」VOL.2 〜教室じまん〜	6教室の生徒が集い、日々の成長や教室での成果を発表。生徒同士が協力して作品制作や発表をすることで、他者との関わりを学び、自信につなげる企画。
1月	卒業生と一緒に考える「進路相談会」	高校生の卒業生が受験生に学習の大切さ、夢や目標を持つことの大切さを話した。
2月	1・2年生企画「受験応援パーティ」	1・2年生が受験を応援するパーティを開催。皆で受験の目標を語る機会となった。
3月	受験前日「壮行会」	皆で目標を語り、励まし合う、壮行会を開催。
	「受験お疲れ会」「卒業式」	皆で今後の目標を語りあった。

　エンカレッジの取り組みは、学習支援事業を中心にしながらも、子どもの居場所としての役割を果たし、様々なイベント活動を仕組むことによって子どもの縦の関係づくり、人間関係づくりを地道に形づくっているものといえるだろう。エンカレッジは、これらの取り組みは、中学生の社会的自立を促すものとして重視している。

4. 外部委託型「無料塾」の成果と課題
　～8市会の研修会報告から～

　沖縄県内の自治体のうち、早くから学習支援事業に取り組んでいた那覇市、浦添市、宜野湾市は、2010年度（平成22）に情報交換会を始め、その後、同会への参加自治体が増えた。2012年度（平成24）には、県内8つの自治体が参加したことから、以後、8市会という名称が使われている。現在、9つの自治体と3つの福祉保健所が参加しているが、「8市会」の名称はそのままである。8市会は、毎年2回開催され、その内容は、各自治体の取り組み状況、事例検討、進路状況等を報告し、臨床心理士による講話、学習支援事業を行っているNPO法人を交えての情報交換を実施する等して、行政担当者及び学習支援員等の資質向上を図っているのが特徴的である。8市会の主たる構成員である、学習支援員（自治体により、こども支援員、子ども健全育成支援員、児童自立支援員、子ども支援員等と呼ばれる）は、臨時職員であることから、彼らにとっての唯一の情報交換の場であり、資質向上の機会となっている。以下、8市会の研修会資料を中心に[15]、学習支援事業の成果と課題について述べることにする。

［高校進学状況］

　8市会の研修会資料によると、2013年度（平成25）の学習支援（無料塾）を受けた中学生の高校合格率と進学率は、支援を受けていない中学生のそれよりも高いことが報告されている[16]。特に、那覇市の場合、2010年度（平成22）の生活保護世帯の高校進学率は81％であったが（那覇市平均94.4％）、2013年度（平成25）の高校進学率は97.6％を達成している[17]。2014年度（平成26）の実績は以下の通りである（「表2. 高校進学状況（2014年度）」参照）。なお、生活保護世帯の現役生のみの実数である。

表 2．高校進学状況（2014 年度）

自治体名	総数	受験者数	合格者数	合格率	不合格者	未受験者	進学率	委託先
那 覇 市	103	100	98	98.0	2	3	95.1	Ａ法人
宜野湾市	22	22	21	95.5	1	0	95.5	Ａ法人
浦 添 市	29	29	25	86.2	4	0	86.2	Ａ法人
沖 縄 市	43	35	31	88.6	4	8	72.1	Ａ法人
名 護 市	12	11	10	90.9	1	1	83.3	大学と連携
豊見城市	8	8	7	87.5	1	0	87.5	Ａ法人
糸 満 市	12	9	9	100.0	0	3	75.0	Ａ法人
南 城 市	4	4	4	100.0	0	0	100.0	無料塾なし
うるま市	―	―	―	―	―	―	―	―
南部福祉保健所	22	21	21	100.0	0	1	95.5	Ｂ法人
中部福祉保健所	26	23	23	100.0	0	3	88.5	Ａ法人
全 体	281	262	249	95.0	13	19	88.6	―

※合格率＝合格者数÷受験者数×100　※進学率＝合格者数÷総数×100

　沖縄県の生活保護世帯の高校進学率は 75.5％（全国 87.5％、2010 年調査）であるが、表2をみると、無料塾の進学率が 88.6％（全体）を達成していることから一定の成果を出しているといえるであろう。一方、個々の自治体の支援事業をみると、自治体間での差が顕著である。那覇市、宜野湾市、南部福祉保健所、中部福祉保健所の進学率は 90％以上であるが、沖縄市と糸満市は 80％以下である。実際の支援事業は、南部福祉保健所を除き、同一のＮＰＯ法人に委託され、支援方法は大きく異なるものではないが、結果として進学率の差となって表れている。

［中卒後の支援、高校進学後の支援］

　各自治体は、不合格者や未受験者への支援として、再受験者と就職希望者
への対応を行っている。再受験者には、出身中学校から本人への通知と受験
手続をしたり、必要に応じて通信制高校や学習支援塾（無料塾）への案内を
行ったりしている。ＣＷ（ケースワーカー）が介在している自治体もある。就
職希望者に対しては、就労支援員と連携して就労先を決めたり、ＣＷが対応
したりしている。しかし、総じて、中卒後の彼らとの連絡が十分出来ず、支
援活動も不調になっているケースが多い。

　8市会では、無料塾を経て高校進学を果たした彼らの学修状況や卒業後の
進路指導についても検討されているが、学修や卒業後の進路に関しての追跡
調査、対応は十分ではない。表3は、自治体の高校生への支援状況であるが、
退学休学防止のための支援員とＣＷとの連携による家庭訪問（宜野湾市）、不
登校の生徒に対する家庭訪問と相談活動（南城市）を除き、就学状況を把握
していない自治体もある。

表3．自治体の高校生への支援

自治体名等	支援の内容
名 護 市	保護者への状況確認、本人との面談、就学支援。
沖 縄 市	高校生は対象外のため、こども支援員の支援はない。
宜野湾市	年1回、進学先の高校に就学状況の調査依頼。退学者、休学者防止のため、支援員はＣＷと連携して家庭訪問。高校3年生には、卒業後の進路確認。
浦 添 市	高校等就学費申請の対応時に就学状況の確認。
那 覇 市	必要に応じて就学状況の確認。
豊見城市	卒業後の進学先、若しくは就職につながるような自立支援を検討中。就学状況、学力、進路等についての状況把握をして、中退者が出ないように関わりを持っている。

糸 満 市	保護者の来訪時に、就学状況の確認。
南 城 市	大学進学時に奨学金申請手続きの支援、不登校の生徒には家庭訪問をして、本人の意思確認と進路変更等を視野に入れて相談活動を行っている。
うるま市	各高校で対応。
南部福祉保健所	過卒生に対しては追跡調査のみで支援は対象外。

おわりに

　無料塾は、生活保護受給世帯の児童生徒に対しての学習支援である。この事業は、高校卒業程度以上の学歴取得と同時に就業につなげ、自立した社会人として社会生活を営むことを期待している。自治体の無料塾は、主に、生活保護世帯の生徒を対象に行われ、高校進学に対して一定の成果を挙げつつあるが、一方で、進学後の彼らの学修状況についての追跡調査と支援体制は十分とはいえない。今後、自治体、支援団体、高校側との連携による中途退学、休学防止策と高校卒業後の進路や就業に関する適切な支援の在り方を検討する必要があろう。なお、無料塾は、学習支援の側面だけではなく、生徒の「居場所」としても価値ある存在になっている点は見逃せない。

　以上の子どもに対する学習支援を含む教育支援の重要性については、関係者の間でも共有されているが、これは、子どもの貧困対策のひとつの方法であり、多様な背景を有する子どもに対して具体的にどのような支援体制とアプローチを構築していくべきか、検討が必要である。無料塾は、学習支援を主たる内容をもつ「施設型支援」であるが、この「施設型支援」を拠点とした訪問型支援（アウトリーチ型支援[18]）の併用により、より個別具体的な支援が行えるのではないだろうか。

〈注及び引用文献〉

（1）内田充範「貧困の連鎖を断ち切る学習支援の取り組み」『山口県立大学学術情報』第7号、2014年3月、51頁。

（2）若井田崇に聞き取り（2014年3月11日、於：江戸川区子育て支援課計画係）。

（3）神戸市灘区役所職員への聞き取り、及びＨＢによる学習支援事業の現場を視察した（2014年12月12日、於：灘区役所、三宮駅構内勤労市民センター）。

（4）宮崎日日新聞は、2014年（平成26）1月1日から11月18日まで石井十次没後100年企画「だれも知らない～みやざき子どもの貧困」を連載した。連載がスタートした直後から反響は多く、この連載記事をまとめたのが、宮崎日日新聞「だれも知らない」取材班『だれも知らない みやざき子どもの貧困』宮日文化情報センター、2015年、である。

（5）井上敏郎に聞き取り（2015年2月27日、於：高鍋町社会福祉協議会）。社協塾については、同上『だれも知らない みやざき子どもの貧困』の179～180頁を参照のこと。

（6）大久保潤・篠原章著『沖縄の不都合な真実』新潮社、2015年、94～95頁。

（7）嘉納英明・竹沢昌子「生活困窮母子世帯の実態からみる子どもの教育支援ニーズ～沖縄県Ｎ市を事例として～」名桜大学総合研究所『名桜大学総合研究』No.23、2014年3月、28頁。

（8）「琉球新報」2015年3月27日。沖縄市社会福祉協議会は、市民寄付のフードを集め、これを市内のＮＰＯは、生活困窮世帯への食糧配達を行っている（2015年3月4日、OTV放送）。

（9）嘉納英明「生活困窮世帯の子どもへの学習支援」上地完治・西本裕輝編『沖縄で教師をめざす人のために』協同出版、2015年。

（10）宮武正明「貧困の連鎖と学習支援―生活困難な家庭の児童の学習支援はなぜ大切か（2）―」『こども教育宝山大学紀要』第4号、2013年3月。

（11）「琉球新報」2015年2月28日。

（12）詳細は、名護市学習支援教室ぴゅあ編『中学生の学力保障と居場所づくり―名護市学習支援教室ぴゅあ／2年間の軌跡―』2015年（平成27）3月（非売品）。

（13）「琉球新報」2013年7月28日。

（14）ＮＰＯ法人エンカレッジ那覇学習支援教室にて聞き取り（2015年5月22日）。

（15）配付資料「平成27年度第1回学習支援事業に関する研修会（8市会）」（2015

年5月27日、宜野湾市役所)。

(16) 同上、72 ～ 73 頁。

(17) 「琉球新報」2015 年9月5日。

(18) 谷口仁史（佐賀県子ども・若者総合相談センター長）の「アウトリーチ（訪問支援）と重層的な支援ネットワークを活用した多面的アプローチ」は、社会的孤立・排除を生まない総合的な支援体制を目指すひとつの形態として注目される（2014年度沖縄大学地域研究所リカレント講座『福祉コミュニティ再建に向けて』第3回「子どもや若者の貧困と社会的孤立を防ぐために、福祉コミュニティはどうあるべきか？」2015 年3月 21 日、於：沖縄大学)。

第4章　生活困窮世帯の中学生への学習支援事業と学生ボランティアの学び

はじめに―子どもの貧困をめぐる言説―

　子どもの貧困問題とその対策について積極的に議論を展開している阿部彩は、子どもや勤労世代の貧困率の上昇や就労援助費受給率の増加等を指摘し、それは、政府の税制や社会保障制度の国内政策に起因しているとしている[1]。その上で、阿部は貧困対策としての教育に注目し、「学力格差・学歴格差の問題はもちろん重要であるが、まず、必要なのは、義務教育が保障すべき『最低限の教育』を身につけられていない貧困の子どもたちへの視線である」と述べている。つまり、「すべての子どもが社会に出て自立して生きていくための基礎としての教育を身につける」ことを貧困対策に掲げている[2]。宮武正明は、①生活困難と家庭崩壊の子どもは、小学生の早い段階から学力・生活力の習得で遅れ、中学校では学力不振、不登校、非行等の問題を抱えて高校進学を諦めてしまうこと、②中卒後に社会に放り出されて社会的な自立を求められるが、就職先のなさが社会的自立を阻害していること、③早すぎる性体験と妊娠・若年の母子世帯として出現していることを貧困の二世代化、貧困の再生産の背景として分析している[3]。鳫咲子は、子どもの貧困削減の政策のひとつとして、全ての子どもが高校を卒業できる条件整備を求めている[4]。具体的には、子どもの高校進学・高校教育の保障を実質化していくために奨学金等の就学援助制度の拡充整備を提言している。また、中嶋哲彦は、まず、「貧困の連鎖」を「貧困な家庭的・社会的環境で育った人々が貧困から抜け出す手立てを獲得できず次の世代にも貧困を受け渡している現象」と説明した上で、被生活保護世帯の子どもの高校進学率は

87.5％（全国平均98.0％）に止まっていることを報告している。中嶋は、同世帯の子どもの高校進学率は都道府県間にも大きな差異がみられることを指摘し、こうした高校進学率に格差があるのは、小中学校時代での学力形成が不十分であること、生業扶助では高校修学に必要な経費がまかないきれないこと、被生活保護世帯の子どもの大学進学への公的補助はなく高校進学後の展望が描きにくいこと、といった事情を挙げている[5]。これらの改善のためには、政府介入が期待されるところであるが、小泉・安倍政権の下で進められた構造改革と行政のスリム化、国民意識の中にある「貧困＝自己責任」論により、格差・貧困の是正・緩和政策は十分な展開をみせていない[6]。

　以上の言説に共通していることは、貧困対策としての教育の重要性であり、義務教育終了に続く高校教育をどのように保障していくのかという政策提言である。これらは、生活困窮世帯の子どもの多くが、中卒後の不安定な生活の中で貧困を断ち切れないまま、貧困の再生産に登場する実態から、高卒程度以上の学力を保障して社会に送り出していくことで、就業につなげ、自立した社会人を期待している。

1. 子どもの貧困対策の展開

　上記の識者の指摘を十分に反映しているわけではないが、すでに、行政施策としては、被生活保護世帯の高校生には就学費が支給され、児童養護施設の高校生には特別育成費として就学費が支給されている。これらの就学支給制度成立の背景には、子どもの貧困の連鎖・再生産を生まないだけではなく、被生活保護世帯の社会的自立の観点からも高校就学援助の声が強くあったからである。

　「子ども・若者育成支援推進法」（2009年7月）は、小中高校生に対する学習支援費を支給し、2010年（平成22）から中学生勉強会等の学習支援を「生活保護自立支援事業」の対象とした。これら一連の行政施策の展開の延長線上に、生活困窮世帯の子どもに対して国と自治体が協力して、教育支援、生

活支援、勤労支援、経済的支援等の施策を策定し、実施することを義務づけて成立したのが、「子どもの貧困対策の推進に関する法律」（2013年6月）である。同法には、政府の貧困対策の具体的な方向づけがなされていない、貧困削減目標の明示とその達成を義務づけたりする構造にはなっていない等の課題もあるが⁽⁷⁾、子どもの貧困克服の施策を国や自治体が責任をもって始めたことは、一定の評価を加えてもよいだろう。また、生活困窮者自立支援法（2015年4月1日施行）は、生活保護に至る前の段階の自立支援策の強化を図るため、生活困窮者に対して、自立相談支援事業の実施、住居確保給付金の支給その他の支援を行うための所要の措置を講ずることを目的として成立した。こうした貧困対策に関わる法制度の整備は、社会的排除の克服に向けた対社会に対するアプローチとして位置づけることができる。

2．沖縄における貧困問題－大学と自治体の連携による対策－

　子どもの貧困問題が注目されている中、一人当たりの県民所得が全国の約7割、離婚率全国一、被生活保護世帯の急増の沖縄は、深刻な状況にある。県内の地区別格差も顕在化し、特に市町村民所得をみれば、離島や山間部が多い沖縄本島の北部地区は、県の所得水準（100の基準）の91.6であり、沖縄本島中南部と比して南北格差となって顕在化している。なお、2010年度（平成22）1人当たり市町村民所得の41市町村中、下位10自治体に北部地区市町村12のうち、6市町村（今帰仁村、大宜味村、伊平屋村、本部町、国頭村、名護市）が占めている⁽⁸⁾。一般の高校進学率が98％以上の中、沖縄県の被保護世帯の高校進学率は、最下位の佐賀県（71.3％）、香川県（73.2％）に続いて、75.5％であり、全国で3番目に低い⁽⁹⁾。こうした状況のもとで、沖縄本島北部唯一の四年制大学である名桜大学は教職課程を有するということもあって、自治体や地域からの教育・福祉に関する支援に係わる要望は多い。2008年（平成20）、本学と名護市は、教育連携に関する協定を締結し、続いて2011年（平成23）には、本学と恩納村、国頭村の両村と協定を締結した。

これらの協定の内容は、大学と各自治体間での教育連携を円滑にするものであり、特に、自治体からの要望である、学生の学習支援ボランティアの派遣に係わる事項である。2013年（平成25）5月には、本学の設置主体である北部11市町村（教育委員会）と一括協定（書）を結び、北部地区と本学の教育連携の組織化の基礎が築かれたといってもよいだろう(10)。本学と自治体間のこれまでの経過の中で、学生の地域における活動が期待され、近年では、補習塾・学習塾のない自治体やへき地校からも学生の派遣要請がある(11)。

　ところで、学生の学校支援が本格化している中、名護市社会福祉課保護係から、被生活保護世帯の児童生徒への学習支援の依頼があった。学内の教職課程委員会で検討した結果、市内の自治公民館や社会福祉施設において、小中学生十数名に対して学生を派遣し、学習支援活動を始めた。この支援活動は、現在に至るまで継続しているが、この間、地元銀行の助成を得て、学内での学習支援とレク活動を合わせた事業を2回実施した(12)。沖縄の生活困窮世帯の多さ、困窮世帯の子どもの高校進学率の低迷は、北部地区では、実に切実な問題である。義務教育終了後の彼（女）らが、潜在的なニートの予備軍として、あるいは、生活保護費の支給対象者となる可能性も大きいという福祉関係者の声は、切迫感があった。以上の実情をふまえて、学内に被生活保護世帯の生徒を対象とした「名護市学習支援教室ぴゅあ（以下「支援教室ぴゅあ」と略）」を開設した(13)。「支援教室ぴゅあ」の経費は全て名護市が負担し、本学は、学内の教室とボランティア学生を提供する。自治体と大学の連携事業による生活困窮世帯の子ども支援は、県内では初の試みであり(14)、試行錯誤を重ねての実践活動を進めている。

　本章では、「支援教室ぴゅあ」の設立の背景、目的と運営、生徒への支援活動の実際、学生の学び、課題と展望について報告する。

3．学習支援教室の設立の背景

　「支援教室ぴゅあ」の設立の背景には、名護市の生活困窮世帯の実態に研

究者や市民が大きな関心を見せたことがひとつの契機であった。その契機とは、本学の附属機関である総合研究所社会政策部門による市民向けの公開シンポジウムであった。シンポジウムは、「沖縄から考える貧困と格差—沖縄の貧困の現状と、そこからの脱出—」（2012年2月12日開催）をテーマとしたものである。シンポジストの東江靖典（名護市役所社会福祉課保護係）は、日常の業務から得られた知見を報告した[15]。それは、所得格差による教育格差が生じ、次の格差とつながり、貧困の連鎖を生んでいること。名護市の場合、3世代に渡り、被生活保護世帯が続いている割合は2割に上っていること。沖縄県の高校進学率の平均は94〜95％で推移しているが、名護市は77〜93％で低迷していること、また、被生活保護世帯の生活習慣や教育環境の改善が必要であり、就学動機の低い世帯への積極的な働きかけが「支援策」として求められていること、以上であった。特に、近年、沖縄では社会保障費たる生活保護費は増加し[16]、困窮世帯は益々厳しさを増している。東江によると（「表1. 名護市生活保護世帯（0〜18歳の子を持つ世帯）」）、名護市の101の被生活保護世帯中、受給歴（親が受給していた）がある世帯は15、就労をしている世帯は33である。母親の学歴は、高卒（53世帯）が半数を占め、次に中卒（38世帯）と続き、高等教育機関に進学している割合は少数である。複数の子どもがいる割合は6割である。これらの実態から、被生活保護世帯の親の多くは無職かつ多産多子であり、中学卒若しくは高校卒の学歴が9割を占める。今日の大学や専門学校等を含む高等教育機関の学費は高額であるため、被保護世帯の家庭から進学させることは困難な状況である。また昨今の就職状況の悪化から、中学卒の雇用条件はより厳しさを増している。東江は、被生活保護世帯の子どもを中学卒から高校卒へつなげる支援策が早急に必要であることを力説した。

　シンポジウム終了後、東江ら社会福祉行政の担当者と大学関係者、ボランティア学生が集い、ダイレクトに子どもを支援する策として、「支援教室ぴゅあ」の立ち上げを検討した。そこでは、子ども時代の貧困が教育機会の喪失と低所得・低生活水準につながる結果となり、貧困の連鎖が起こっているこ

とが確認された。貧困の連鎖を断ち切るためのひとつの方策として、名護市は、大学の協力を得て、「支援教室ぴゅあ」を設立したのである。

表1．名護市生活保護世帯（0〜18歳の子を持つ世帯）

世帯主情報		養育者最終学歴（母親）						世帯の子どもの人数				
受給歴	就労中	中卒	高卒	専門卒	短大卒	大卒	不明	1人	2人	3人	4人	5人以上
15	33	38	53	4	2	4	0	43	27	16	10	5
101	101	101						101				

※社会福祉課による集計（2013年1月現在）

4．「支援教室ぴゅあ」に対する保護者の期待

「支援教室ぴゅあ」に子どもを参加させる保護者は、この事業に対してどのような期待を寄せているだろうか。市役所保護係の聞き取りによると[17]、支援教室に通わせている中学生の母親は次のように述べている。

 a 家庭で勉強を教えてあげることができないし、大学生に教えてもらえるならいいと思いました。本人の進路は決まっていて、それに向けて前向きに応援したい。ただ、塾代を準備することができません。その他、習い事もさせてあげたいけど、その費用も準備することができない状況です。   中2女子の母親（40代）

 b これまで兄弟を塾に行かせることが出来ませんでした。本人が学力を上げることを望んでいるが、塾等に通わせることができません。学

　校以外で、学習の場を提供してあげたかったので、大学の支援教室に
　通わせることにしました。　　　　　　中2女子、中3男子の母親（40代）

　c　子どもは受験生であるが、塾に通わせることができません。本人に
　　学習意欲が出始めたため、大学の教室に行かせることにしました。
　　　　　　　　　　　　　　　　　　　　　　　中3女子の母親（30代）

　3名の母親の声で共通して言えることは、学習塾に通わせる経済的な余裕
がないことである。「支援教室ぴゅあ」は、無料であるため、経済的な負担
は生じない。そのことが母親の経済的な負担感を打ち消し、子どもの支援事
業への参加を前向きにとらえさせている。母親aの「習い事もさせてあげた
い」の声は、習い事＝経済的な負担がかかる、という側面を如実に語るも
のであり、本事業の学習支援の内容（メニュー）を今後、どのように編成し
ていくかに係わる貴重な声である。学校外での子どもの習い事（スイミング、
習字等）は、名護市においても盛況であるが、生活困窮世帯では、経済的な
理由から習い事に通わせることができない。限られた保護者の声であるが、
学習塾を含めた習い事を子どもに提供したいが、経済的な理由によりそれが
困難な状況にあるジレンマを抱えていることが理解できる。

5.「支援教室ぴゅあ」の目的と運営

　「支援教室ぴゅあ」の目的は、①生活困窮世帯の中学生の基礎的な学力の
定着を目指し、高校受験を通過できるだけの学力保障と、②中学生にとって
ほとんどなじみのない大学で、ボランティア学生との交流を通して、自らの
進路を考える機会を持たせること、そして日常生活では得られない体験活動
を豊かにしたいという主催者側の目的がある。①に関していうと、名護市内
の被生活保護世帯の母親の学歴は、高校中退もしくは中学卒業程度であり、
その子どもの学歴形成も厳しい。母親の低学歴による就労の不安定、若年に

して出産、そして生活不安を抱え、生活保護受給予備軍が形成されている状況である。②に関して述べると、困窮世帯の子どもの社会体験の乏しさが指摘されているが、それを少しでも補えるように、大学生と中学生との協同的なイベント・レク活動を実施した。

　2013年度（平成25）は、大学と市役所保護係との連携により、「社会性育成プログラム」の一環で、名桜大学1日プログラムを実施した。また、「沖縄の歴史と文化を体験的に学び合う大学生と中学生の交流の旅」を実施した[18]。これは、沖縄県平和祈念資料館や海軍壕等を巡り、沖縄戦と基地問題、平和について中学生と大学生が共に考える学習会であった。宿泊を伴う学習経験は、中学生にとって大学生とのふれ合う機会であり、貴重な社会体験であった。大学生と中学生の縦の関係を構築し、日常的に関わり合えることをつくりだしていくことが、この旅の目的であった。

名護市学習支援教室ぴゅあの開設（2013年5月）

　「支援教室ぴゅあ」は、大学の教室で行われている。2013年（平成25）5月に開設、週3回、午後6時〜8時の2時間、学生による中学生への学習支援である。前半50分の授業後、休憩時間10分、後半50分の授業である。支援員は、主に、2〜4年次の教職を履修している学生である。学生は、これまでも名護市内外の学校や生活困窮世帯の子ども支援の経験がある。また、

被生活保護世帯の生徒を対象にすることから、プライバシーに配慮した学習支援の方法や生活保護（法）に関する基礎的な知識は、保護係職員との学習会で学んでいる。随時、サークルの顧問と会員の情報交換を行い、適宜、市役所保護係との情報交換や連絡調整も行っている。学習支援の対象者は、名護市内の被生活保護世帯と準要保護世帯、ひとり親世帯の中学生である。保護係と教育委員会は、支援教室の趣旨を生徒と保護者に説明し、保護者の了解を受けている。

　名護市の被生活保護世帯数 963（2012 年 3 月 31 日）、被保護世帯の 1 ～ 3 年生の中学生 51 名（2013 年 4 月 1 日）中、17 名であることから、学習支援塾の対象者は、全体の 1/3 である。生徒は、保護係の手配した巡回バス（中型路線バスの借用）に乗り、来学する。本事業に係る予算は、社会福祉課保護係により確保され、平成 25 年度の予算額は 400 万円である。予算の 8 割は、巡回バス借用に充てられ、2 割は、教室備え付けのコピー機（リース）、参考書、生徒の保険、消耗品等である。学生手当（1 日 1,000 円）は、市教育委員会予算（70 万円）から充てられている。光熱費は、大学負担である。生徒の保険については、保護係の社会支援員が加入手続きを行い、学生の保険は、大学のボランティア保険を適用している。

ぴゅあの開講式で挨拶を述べる稲嶺進名護市長

活動報告会（2014 年 3 月 19 日、市中央公民館）

6．学習支援活動の実際－中学生の変容と学生の学び－

　名護市は広域であるため、久辺、市街地、屋我地の３つのブロックに分け、久辺の中学生は月曜日、市街地区は水曜日、屋我地は金曜日にバスに乗り、来学する。生徒にとっては、毎週１回の支援活動である。そのため、基礎学力向上のための「漢字検定」や高校受験の過去問（基礎的な領域）を中心に進めている。ボランティアの学生は、一人で複数の生徒を担当し、毎回、生徒の学習状況・進度状況を個人記録カードに記入後、ミーティングで情報を共有している。

　名護市保護係、市教育委員会、大学との間の調整会議では、教室運営に関する諸問題が提起され、議論を積み重ねて対応を考えている。その際、行政の立場で問題解決が処理される性質のものと、教室運営の実践上の課題は峻別され、後者については、直接、生徒と関わっている学生と大学側の主体的な取り組みが期待される。しかし、いずれの場合も、行政、学生、大学の３者が問題を共有する場であることには変わりはない。2013 年度（平成 25）のふりかえりの場では、支援活動に関わっている学生からみた中学生の変容

と学生自身の学びについて次のような意見が出た。Ｓは、支援者の学生を示す。

〈学生のふりかえり―中学生の変容について―〉
　Ｓ１（中学生の学習意欲の高まりと貴重な居場所）
　生徒の学力的な保障には程遠いが、学習意欲が出てきているのは確かだと思う。質問してくる子や「勉強は楽しい」とメモ日記に記す子もいる。「ぴゅあ」に来るのが楽しいという声も確かにあり、中学生にとっても貴重な居場所になっているのではないか。「ぴゅあ」に最初に来た頃は、表情を見せないポーカーフェイスであった子も、今は、笑顔を見せてくれる。小学校５年生の時から不登校だった生徒が、「ぴゅあ」には来ている。まだ、学校には登校できていないが、「ぴゅあ」には来ている。
　Ｓ２（コミュニケーション力の向上）
　「ぴゅあ」に来る中学生は、学校がそれぞれ違うので、生徒同士が刺激しあっていて、良いのではないかと思う。生徒が私たちによく話すようになったし、生徒のコミュニケーション力の高まりを強く感じる。「ぴゅあ」に入る前は、家族との会話が乏しかったという子がいたが、「ぴゅあ」に入って、「ぴゅあ」のことや大学生の話題を話したりしているようだ。「ぴゅあ」でも話しかけてくるようになった。
　Ｓ３（学生の積極的な関わり）
　生徒に積極的に関わること、かまってあげることが大切ではないだろうか。学生を頼りにしている面もあるので、それに応えていくことも大切だと思う。こうした中学生は、他の人と意外と関わりのない子が多いかもしれない。

〈学生自身の学び―支援活動を通して―〉
　Ｓ４（生徒の行動の意味を考える）
　「ぴゅあ」という学習支援ボランティアで、様々なことに挑戦できる機会があることにやりがいを感じている。自分達自身もどのような支援活動がで

きるのか、これを考えながら行動している。授業の冒頭で、新聞の「コラム」を活用しての導入をしたりしているが、これこそ、教育実習みたいであるし、生徒の行動や考え方を考えながら、生徒と関わることが出来はじめているのは、とても自分にとって大きな収穫になっている。

S5（個々の生徒にあった対応）

　生徒との接し方を、本当に身をもって学んでいる。支援活動を始める前の中学生のイメージは、こちら側から指示を出していく一方的なものであったが、教室には、発達障害の子や難聴の子どももいる。個々の生徒に合わせた対応の仕方を学んでいる。最初は、中学生に対して手取り足取り教えていた感じだったけど、その子の性格や考え方が、少しずつ分かるようになると、距離感を考えながら接するようになった。具体的にいえば、教える時はもちろん教えるけど、課題を与えて、自分で挑戦させたり、困った感を出している時には、そっと近づいて教えたり。なんとなく、中学生の関わり方が分かってきたような感じです。

S6（中学生が求めていること）

　今の中学生が求めていることが、目の前の中学生と接していて、わかり始めている。将来、中学校の教師になりたい私にとって、貴重な経験の場である。

S7（自分と中学生との違い）

　「学習意欲のない中学生」、「自分は邪魔、自分は必要とされていないと感じている中学生」と接して、正直、たじろいだ自分がいました。自分は、家族の愛情たっぷりの中で育てられ、色々な習い事もしてきました。今の中学生との落差というか、違いを強く感じています。だけど、私自身も好きな数学だけはわかりやすいように教えたいという気持ちはあります。

　「支援教室ぴゅあ」の学生は、中学生の学習意欲の高まりを感じ取り、また彼らの貴重な居場所としての「ぴゅあ」の存在を評価している（S1）。「ぴゅあ」に通う生徒相互の関わり合い、学生と生徒とのコミュニケーションを図ることで（S2）（S3）、生徒理解を一層深め、相互のつながりをつくるもの

と認識しているといえるであろう。「支援教室ぴゅあ」の目的は、学習塾に通えない生活困窮世帯の生徒の学力保障であるが、支援活動を通してあらためて認識したのは、中学生にとっての学校以外の「居場所」の大切さであり、これは、不登校の生徒にとっては貴重な存在となっている。

　支援活動を通しての学生の学びは、中学生が考えていることや行動の意味について受け入れ（Ｓ4）、個々の生徒に合わせた対応の仕方（Ｓ5）について考え、中学生が求めていることに傾聴する姿勢（Ｓ6）が芽生えてきたものといえる。また、自己の生育歴と中学時代をふりかえり、「支援教室ぴゅあ」に通う中学生との「違い」に戸惑いつつも、自分の出来る範囲で支援活動をしていこうとする姿勢に端的にみられた（Ｓ7）。こうした学生の変容は、中学生との直接的な関わりを通して対人関係の柔軟性を学びつつあるものと思う。しかも、その学びこそ、「支援教室ぴゅあ」という〝教育現場〟から得られた知見のひとつとして、学生をより大きく成長させているといえるだろう。

おわりに―「支援教室ぴゅあ」の課題と展望―

　大学と行政の連携事業「支援教室ぴゅあ」は、2013年（平成25）5月に活動が始まったばかりであり、活動期間は、まだ1年間である。「支援教室ぴゅあ」は、生活困窮世帯の中学生の学習指導が主たる目的であり、高校受験を通過できるだけの学力保障を目指しているが、既に述べたように中学生の居場所としても役割を果たしつつある。当初、対象とした子どもは、生活困窮世帯の中学生のみであったが、市教委からの依頼により、不登校の生徒、発達障害の生徒も、複数名、通っている。学年差、学力差、学校別の生徒に対して、限られた学生でどれだけ効果的な学習指導が出来るのか、つまり、多様な生徒に対しては、多様な手立てが必要とされるが、これらをどれだけ準備出来るのかが問われている。また、現在の支援活動は、予算との関係で、名護市を3ブロックに分けてそれぞれ週1回の学習指導である。実質的に週

　1回の指導では、何が出来るのか、実践活動を進めつつ、学習内容を合わせて検討していく必要に迫られている。「支援教室ぴゅあ」の活動をさらに展開していくためにも、積極的な助成金や補助金申請、あるいは寄付や基金創設等も視野に入れる必要があろう。また、交流的・体験的な学びが不足している中学生を様々な機会をとらえて、豊かな学びにしていくことの必要性を痛感している。

支援教室の大学生（2017年5月）

支援教室の様子（2017年5月）

〈注及び引用文献〉

（1）阿部彩「子どもの貧困対策としての教育」（親と子と教職員の教育相談室『相談室だより』2009 年、2 〜 3 頁）。

（2）同上、7 頁。

（3）宮武正明「貧困の連鎖と学習支援―生活困難な家庭の児童の学習支援はなぜ大切か（2）―」『こども教育宝仙大学紀要』第 4 号、2013 年 3 月、109 〜 110 頁）。

（4）鳶咲子「子どもの貧困とセーフティネット―就学援助制度を中心として―」（『跡見学園女子大学マネジメント学部紀要』第 14 号、2012 年、114 〜 119 頁）。

（5）中嶋哲彦「子どもの貧困とどう向き合うか―教育学が引き受けるべき課題―」九州教育学会『2013 年九州教育学会第 65 回大会 総合部会発表要旨』4 〜 5 頁。

（6）中嶋哲彦「子どもの貧困削減の総合的施策―教育と福祉の分裂に着目して―」日本教育行政学会研究推進委員会編『教育機会格差と教育行政』福村出版、2013 年、79 頁。

（7）前掲、中嶋哲彦「子どもの貧困とどう向き合うか―教育学が引き受けるべき課題―」11 頁。

（8）沖縄県統計資料 WEB サイト／ 2010 年度沖縄県市町村民所得、2013 年（平成25）5 月 27 日公表。

（9）厚生労働省「生活保護制度の現状等について」第 1 回生活保護制度に関する国と地方の協議、2011 年 5 月 30 日／ 2013 年 9 月 1 日アクセス、http://www.mhlw.go.jp/stf/ shingi/2r9852000001dmw0-att/2r9852000001do56.pdf。

（10）「名桜大学と北部 11 市町村教育委員会の連携に関する協定書」は、大学と自治体が学校教育及び社会教育・生涯学習上の諸課題に関する基礎的・実践的な研究についての連携を行い、その成果を北部 11 市町村の学校及び地域社会における豊かな人間性を育む教育活動の支援と大学の教育に活用することを目的とした地域協働体制を構築するため、協定を締結した。連携内容は、教科・領域等における学習支援、クラブ及び部活動におけるスポーツ活動支援、自治公民館等における児童生徒への学習支援等である。

（11）本学は、沖縄本島の最北端の国頭村と恩納村の学校で、学習支援活動を展開している。国頭村では、夏期休業中、学生は村内で宿泊しながら小中学校や集落公民館で学習支援活動を行い、恩納村では、中学 3 年生を対象に受験指導を行っている（未来塾）。学生の交通費及び謝金は、それぞれの教育委員会の負担である。離

島やへき地には、学習塾等がない地域も多く、そのため、沖縄県では、2012 年度（平成 24）から「離島・へき地における学習支援事業」を進めている。この事業は、国頭村、伊是名村、竹富町、多良間村、南大東村、久米島町の 6 町村 9 中学校に学習指導員を派遣し、放課後や週末に受験指導を行い、一定の成果を挙げている（「160 人全員高校合格県の離島・へき支援効果」「琉球新報」2013 年 6 月 27 日）。

（12）2012 年度りゅうぎん DC 地域貢献助成事業（助成金 20 万円）を活用しての事業を年 2 回実施した。開式、自己紹介、アイスブレイキング、ゲーム、昼食（BBQ）、スポーツ会、閉式のプログラムであった。

（13）「琉球新報」2013 年 2 月 6 日。

（14）国内では、低所得、母子、生活保護被保護世帯にいる子どもの生活支援、教育支援を行っている自治体は、江戸川区、板橋区、埼玉県、釧路市等があるが、制度としての位置づけや財政措置も不安定である。アメリカの Head Start、英国の Sure Start 等は、貧困世帯への包括的な支援を導入している（駒村康平、道中隆、丸山桂「被保護母子家庭における貧困の世代間連鎖と生活上の問題」『三田学会雑誌』103 巻 4 号、2011 年 1 月、73 頁）。

（15）東江靖典「名護市の生活保護世帯の現状と今後の支援について」名桜大学総合研究所社会政策部門公開シンポジウム資料、2013 年（平成 25）2 月 12 日、於：名護中央公民館、参加者 80 名。

（16）「琉球新報」2013 年 3 月 31 日。

（17）名護市役所保護係の社会支援員による聞き取り調査。実施日は、2013 年 4 月 19 日～5 月 1 日。なお、社会支援員は非行不登校等の問題を抱えた世帯の改善に向けた支援を行うことを職責としている。具体的には、生活習慣や教育環境に問題がある、非行・不登校・保健室登校の児童・生徒、高校進学を希望する生徒に対し、訪問面談を行い、時には付き添い登校やモーニングコールを繰り返す等、就学動機の低い世帯への積極的な働きかけを行っている。

（18）沖縄の地で生活し、沖縄を通して日本をみていく視野を広げるためにも、中学生と大学生が、沖縄の歴史や文化を相互に学び合い、語り合い、沖縄をみつめる機会は貴重である。こうした理由により、2013 年度（平成 25）全労済地域貢献助成事業（子ども分野、助成額 30 万円）を活用して、名護市学習支援教室ぴあ主催の「沖縄の歴史と文化を体験的に学び合う大学生と中学生の交流の旅」を実施した。「支援教室ぴあ」に関わる学生による事前学習（沖縄戦、基地問題）をふまえて、

2013年（平成25）12月7日（土）～8日（日）の1泊2日の日程で、沖縄戦、基地問題を中心とする沖縄理解の旅に出発した。初日は、沖縄県平和祈念資料館（糸満市）、旧海軍司令部壕（那覇市）を訪れ、2日目は、対馬丸記念館（那覇市）、沖縄国際大学（宜野湾市）から普天間基地を視察することで、沖縄戦の追体験と基地問題を考える機会となった。参加した名護市内の中学生8名とぴゅあの学生11名、引率者2名、合計21名の「交流の旅」は、寝食を共にしながら、語り合う楽しい旅になった。詳細は、『2013年全労済地域貢献助成金（子ども分野）報告書　沖縄の歴史と文化を体験的に学び合う大学生と中学生の交流の旅』2014年（平成26）2月。

第5章　沖縄における産官学連携の 子どもの居場所づくり ―大学と地域をつなぐ学生の 地域支援活動の仕組みに焦点をあてて―

はじめに

　近年、大学は地域との連携・協働事業に対して前向きであり、「地域社会の自立を実現するためにも、大学が地域の行政、経済、文化などの機能に対して、積極的な資源の提供が責務となっている[1]」（傍点筆者）という見方もある。「資源」の中には、学生の存在も含まれ、彼らの地域活動については大学と地域の双方とも肯定的な評価である[2]。地域からみれば、大学は人的資源としての学生を豊富に有しているとみているし、大学は、学生の地域活動が学生自身の学びと自己成長につながっているという理解をしている。それゆえ、学生のボランティアを含む地域活動に対して積極的な評価がなされている[3]。地域における学生の活動を考える機運が醸成され始めていることは[4]、大学と地域をつなぐ学生の存在と彼らの主体的な活動が期待されていることの表れであるとみてよい。例えば、学校に学生サポーターを派遣している大学は、学生は地域の学校の活性化を促しているだけではなく、大学の地域貢献にもつながっている、という指摘である[5]。また、大学は学生の地域活動を支援するだけではなく、カリキュラムの中に組み込み、成績評価と単位認定を行うことに意義を見いだしている大学もある[6]。このような大学（学生）と地域との関わり合いから、学生の持続的な地域活動を続けるための大学の支援と仕組みづくりの構築は喫緊の課題である[7]。

　大学は、地域のニーズをとらえ、学生を含む学内資源とつきあわせ、地域

との対話と交流により協働関係を築き、地域課題の解決の道筋をともに歩むことで、あらためて大学も地域における存在意義と信頼を得て、教育と研究の実質化と内的充実を図ることができる。ここでの地域のニーズをとらえるということは、地域課題の何に焦点をあてながら、地域と連携・協働していくのかであり、大学と地域の関係性を考える際の現実的な課題である。そして、学生をどのように介在させるのかについての十分な議論と学生支援の方策が検討されるべきである。さらに、産業界や行政の支援と大学との連携により、生産的な議論が期待できるものであり、地域課題の解決の糸口を見いだすことにもなる。

　そこで、上記の問題を考える素材として、本章では、一般社団法人大学コンソーシアム沖縄（県内の大学・短大等11校で構成、以下「コンソ沖縄」と略）が設立した「子どもの居場所学生ボランティアセンター」（以下「ボラセン」と略）を検討の対象にする。ボラセンは、沖縄の深刻な子どもの貧困問題を背景に設立され、貧困対策事業として子どもの居場所に学生を派遣し、主として学習支援や子ども食堂等の支援の一翼を担うものである。ボラセンは、県内の大学の総意のもとに設立され、行政と産業界の財政的な支援を受けて、地域の居場所に支援者（学生）を派遣するというユニークな仕組みをもつ地域の教育支援機関として始動したものであり、沖縄においては産官学連携による初の教育組織である。ボラセンを取り上げ、検討することは、学生が地域活動を続けるための産官学の支援と仕組みづくりを考える素材となり得るものである。なお、本報告は、①ボラセン設立の背景である沖縄の子どもの貧困問題をめぐる県内動向と同問題に対して県内大学が関わることになった経緯を検討し、②ボラセンの学生派遣の仕組みの構築をめぐる議論を整理した上で、実際の支援活動の事例を報告する。

1．子どもの貧困対策をめぐる県内の動向と大学の取り組み

（1）沖縄の子どもの貧困率と内閣府沖縄振興局の施策

　沖縄社会の実態に即した子どもの貧困対策をどのように進めるのかという議論の中、2016年（平成28）初頭の戸室健作（山形大学）の沖縄の子どもの貧困率37.5％の報告は[(8)]、沖縄の子どもの置かれている状況の厳しさを示しただけではなく、保護者のワークングプアや非正規雇用率の高さ、生活保護受給対象者の世帯が制度から排除されている深刻な状況を浮き彫りにした。子どもの生活支援に関わる関係者からは、予想を超える貧困率の高さに驚き、子どもの貧困問題の根深さを指摘する声があがり、子どもの置かれている状況に対して早急な対策を求める声が相次いだ。引き続き、沖縄県公表（2016年1月29日）の子どもの貧困率29.9％についても全国平均の16.3％と比して最も高率を示したことから、県は2016年度（平成28）の重点政策のひとつとして貧困対策を挙げた[(9)]。県の施策と連動して、内閣府は、島尻安伊子（当時、内閣府特命担当大臣／沖縄及び北方対策）の担当する沖縄振興政策の中に貧困対策を明確に位置づけ、2016年度（平成28）の沖縄予算に10億円（沖縄子供の貧困緊急対策事業費補助金、補助率10／10）を緊急追加し、子どもの貧困対策を強力に推進することを明らかにした。内閣府沖縄振興局によれば[(10)]、子どもをめぐる沖縄特有の課題として、①深刻な状況にもかかわらず、行政の支援が子どもに行き届いていない、②日中にとどまらず夜間も子どもの居場所がない（学校中退や非行にも影響）、③貧困家庭の親が経済的自立をするための雇用の場が少ない、と指摘している。こうした沖縄の実態を把握したうえで、内閣府は、沖縄振興計画期間中（2016〜2021年度）を子どもの貧困の「集中対策期間」として位置づけ、地域の実情を踏まえ集中的に取り組むとして次の3点を挙げた。a.寄り添い型支援を行う「支援員」を100名採用し配置する、b.安心して過ごせる「居場所」を確保する、c.経済的自立に向けた親の「就労」の支援を行う。特に、bの「居場所」の確保は、

食事の提供や生活指導、学習支援等を行いながら、地域の子どもに居場所を提供する取り組みに対しての支援策である。施策ｂの「居場所」は、のちのボラセンの実現につながるものである。

（2）子ども支援の動きと大学の取り組み

　2015年度（平成27）以降、地元の新聞2紙が連日「子どもの貧困」に関する報道もあって、県民の関心は急速な高まりをみせた。普天間基地の辺野古移設をめぐる報道と並び、沖縄では、子どもの貧困問題に関する議論が活発化し、ＮＰＯやボランティア団体、あるいは個人による学習支援（無料塾）や子ども食堂の設立が相次いだ。これらは、沖縄本島だけではなく、宮古島や石垣島においても設立された。草の根の活動が県域で広がるなか、沖縄県は、2015年度末に「子どもの貧困対策推進計画」を立案し、それに基づき、子どものライフステージに即した「切れ目」のない支援活動を目的に始動した。「推進計画」は、沖縄の子どもの貧困対策を長期的なスパンで対応しようとするものであり、そのために、沖縄県は、県子どもの貧困対策基金として30億円を計上し、各市町村への配分を行い、効果的な対策事業の後押しを図った。こうした沖縄県の子どもの生活実態を把握し具体的な支援に乗り出したことに対して、県内の識者からは高い評価が寄せられている[11]。

　行政やＮＰＯ等による子どもの貧困対策事業が矢継ぎ早に始まるなか、県内の大学の取り組みとしてはどのようなものがあるだろうか。2016年（平成28）3月の時点では、子どもの貧困対策に焦点をあて、事業を進めているのは2つの大学のみであった。沖縄本島北部の名桜大学は、2013年度（平成25）から名護市と連携して生活困窮世帯の中学生に対して学習支援事業を展開している[12]。同事業は、名護市政（稲嶺進市長）の一環に位置づき、大学は教室と支援員である学生を提供し、事業の経費は名護市が負担している。沖縄本島中部に位置する沖縄国際大学（福祉・ボランティア支援室）は、2014年度（平成26）から、宜野湾市と連携してひとり親世帯の中学生への学習支援と居場所づくりを始めている。学生の主体的なサークル活動であり、学生

と地域の中学生が学内の教室でふれ合う機会を設けている[13]。また、直接的な子どもの貧困対策事業とはいえないが、教育相談的機能を有しているのは、沖縄女子短期大学の「子育て・とも育ち支援室[14]」である。同支援室は、大学所在地の与那原町と連携して保育や幼児教育の研究者による相談活動であり、大学の持ち味を地域貢献につなげる試みである。以上の3大学の取り組みは、大学の地域との連携の観点から実施されているが県内の一部の大学が活動しているに過ぎなかった。

（3）ボラセンの設置

　2016年（平成28）4月14日、コンソ沖縄（瀬名波栄喜代表理事）は、経済的に厳しい家庭環境にある児童生徒を対象に、子ども食堂や学習支援教室等にボランティアの学生を派遣し、学習支援の他、芸術活動等によって子どもを支援するボラセンの設置を決定した。コンソ沖縄によるボラセンの設立提案であるが、内閣府沖縄振興局の強力な後押しもあった。ボラセンのセンター長は琉球大学教員が就き、副センター長は県内の大学教員3名、専属のコーディネーター2名、事務員1名の配置である。センター長及び副センター長は併任扱いであり、その他の職員は専任として実務に従事している。ボラセンの運営費は、先述した内閣府の沖縄県への補助金10億円の一部を活用し、事業の委託を受けたコンソ沖縄が運営する形態である[15]。そもそも、コンソ沖縄が、ボラセンを設立したのは、定款第4条に、「小中高大連携活動」と「各種の地域社会貢献」が謳われていることが根拠になっている。大学が地域の問題の中でも特に深刻化している子どもの貧困問題に関与することは地域社会への貢献であると認識されたといえるが、沖縄県の基金拠出と各自治体の施策の始動が始まるなか、貧困問題について県内大学も重い腰を上げざるを得なくなったというのが実情に近い。実際、センター設立以前の県内の学長会議では、学生を派遣することに慎重な声もあった。生活費や授業料を稼ぐためにアルバイトをしている学生を安易に派遣させるべきでないという意見である。また、学生の事情を勘案して、学生のボランティアは、有償

であるべきであるという提案があった。これらの意見に対して、会議主催の内閣府は、「学生がボランティアに持続して参加するために民間企業に経済的な協力を求め、有償ボランティアの態勢を確保することが大切だ」と説明した[16]。これに呼応するように、県内の経済会も、学生の派遣に係る経費（謝金）については、協力する姿勢を示し[17]、学生への謝金は寄付金で賄うことになった。こうして、学生をボランティアとして派遣するという事業は、県内の産業界と内閣府・沖縄県・大学という産官学の連携による運営となったのである。

２．ボラセンの運営をめぐる議論と学生派遣の仕組み

（１）ボラセンの運営をめぐる議論

　ボラセンの設置要項（平成28年4月14日制定）をみると、その目的は、「貧困の状況にある子どもを支援する居場所（以下「子どもの居場所」という。）において、県内の大学生等が自発的な意志に基づき学習支援等の活動を円滑に行えるよう、学生派遣の支援等に係わる業務を行うため（第1条）」であるとしている。あくまでも、学生の自発的な意思に基づくボランティア活動を円滑ならしめる機関としての位置づけである。ボラセンの業務は、学生ボランティア活動に関する啓発活動、学生の登録や研修、居場所と学生のマッチング、学生の派遣等となっている（第2条）。ボラセン専任のコーディネーターは、学生と派遣先の連絡調整を行い、事務職員が補佐している。センター長はボラセンを統括し、副センター長は、センター長を補佐する役割がある（第3条）。ボラセン内の調整会議（センター長、副センター長等で構成）は、「必要と認めたときは、委員以外の者の出席を求め、意見を聴くことができる」（第5条）と規定している。

　ボラセンは、子どもの貧困対策事業としては、県内大学の協力を得ての広域的な取り組みである。当然、ボラセンの設立については、運営方法や学生募集の方法、居場所への学生派遣等をめぐって問題点が指摘され、度重なる

議論があった。なぜなら、コンソ沖縄の具体的かつ初めての実際的な機能を有するセンターであり、参考となるべき先行事例がないこと、ボラセンは琉球大学内に設置されるが、コンソ沖縄の機関である以上、他大学の意思も十分尊重されなければならないこと、沖縄県や内閣府の意向を反映させる必要があること等、様々な関係機関の意見調整の上に成り立つ性格のものであるからである。では、ボラセン設立に先立つ事務レベルにおける会議では、実際、どのような議論があったのか。ボラセン設立決定直後の「子供の居場所学生ボランティアコーディネート事業」における議論の骨子は、以下の通りであった[18]。

①学生募集の告知、ボランティア学生の登録、ホームページの立ち上げ等、主に広報に関すること。
②学生の資質を担保する事前研修の実施に関すること。
③学生の交通費、謝金、保険に関すること。
④学生の派遣先となる居場所の選定に関すること。
⑤学生と居場所のマッチングの方法に関すること。
⑥離島への学生派遣に関すること。
⑦ボランティアの単位化に関すること。

　特に議論になったのは、②〜⑤についてであった。以下、各事項についての議論を整理しておく。
　②学生の事前研修は、居場所派遣の前に、研修を受けることが義務づけられ、守秘義務を含む研修内容については、各大学での福祉実習や教育実習等を参考にすることになった。③学生の交通費・謝金等のうち、居場所への交通費はボラセンの予算で対応し、謝金は経済界等からの寄付による基金で処することになった。④学生を派遣する居場所は、自治体からの推薦を待って決定することになり、まずは地域を限定しての派遣から開始することになった。⑤学生と居場所のマッチングについては、学生の配置要望等を受け入れ

ながらコーディネーターによる調整の大切さがあらためて確認された。

（2）学生派遣の仕組みとコーディネーターの役割

　ボラセンの業務は、先述したように多岐にわたり、それぞれの業務についても課題がありそれらを調整しながらの運営を行っている。特に、学生の派遣の手続きは重要である。学生が子どもの居場所へ派遣される仕組みは、学生のボラセンへの応募、事前研修の受講（義務）、学生サポートボランティアとしての登録、学生の希望と子どもの居場所のマッチング、子どもの居場所へ学生を派遣、である。

　コーディネーターへの聞き取りによると[19]、自治体推薦の居場所と学生の派遣というマッチングが重要な業務になっている、という。具体的には、学生の授業やアルバイト、サークル活動以外での時間帯と居場所の指定する活動時間帯との調整であるが、これは容易なことではない。コーディネーターにとって、学生事情と居場所からの要望との調整が重要であるが、一方で、ボラセンの方針として、事前研修を受けた者が派遣されることになっているため、研修を受けてもマッチングが上手く行かなければ派遣されない場合もある。また、派遣学生の実情をみると、既にボランティアの経験をしている者、大学の教職履修者や福祉系の学科に所属している者がいる一方、ボランティア未経験者や予備知識がない者もいる。同一内容の事前研修の実施の在り方も課題とされ、学生の要望（居場所での実際の子どもとの対応の仕方等）を反映させることも検討されている[20]。

3．学生の支援活動の実際

　2016年（平成28）12月15日現在、8市町村14箇所の学習支援、子ども食堂、居場所等へ39名の学生が派遣されている（「表1．居場所の学生受入状況」参照）。これらは、沖縄本島内の居場所等への派遣であるが、宮古島、石垣島等の離島については、夏休み等を利用して離島での活動が期待されている。大学生

の派遣の状況をみると（「表2．大学生派遣状況」参照）、県内 11 の大学の
うち、6 つの大学が学生を派遣している。居場所における学生派遣は歓迎さ
れているが、派遣学生の絶対数が少ないとの現場からの声もある。事前研修
を終え、派遣調整中の学生もいることから、今後は、学生派遣はさらに進む
ものと考えられる。また、学生の支援を支えるために、県ソーシャルワーカー
協議会、県医師会、県臨床心理士会、県教職員組合等の専門職団体よりメン
ターが派遣される仕組みも整えられつつある。これは、学生の相談に対応し
たり、専門的な助言を行ったりすることで学生の悩みや負担の軽減、学生の
自己成長を促すことを目的としている。こうしたボラセンの学生派遣の仕組
みをつくりながら、学生の派遣事業は進められている。

表1．居場所の学生受入状況

自治体名	派遣者数	自治体名	派遣者数
浦添市①	2	読谷村①	1
沖縄市②	3	南風原町②	7
名護市②	18	中城村①	1
那覇市④	5	南城市①	2
		合計	39

※1 ボラセン提供資料より嘉納作成（2016 年 12 月 15 日現在）。
※2 自治体名後の数字は居場所数。

表2．大学生派遣状況

大学名	派遣者数	大学名	派遣者数
名桜大学	16	沖縄工業高等専門学校	2
琉球大学	8	沖縄県立看護大学	0
沖縄国際大学	5	沖縄科学技術大学院大学	0

沖 縄 大 学	4	沖縄女子短期大学	0
沖縄県立芸術大学	2	沖縄キリスト教短期大学	0
沖縄キリスト教学院大学	0	合　　計	37

※１ボラセン提供資料より嘉納作成（2016 年 12 月 15 日現在）

　ところで、ボラセンによる学生派遣の第 1 号は、名護市の大中区にある居場所〝きじむな〜〟である。〝きじむな〜〟は、名護市と名桜大学が連携して運営している学習支援教室の第 2 教室としての位置づけであり、2016 年（平成28）6 月 28 日、開設した。平日と週末の 2 回、2 時間の活動である。〝きじむな〜〟は、主に小学生向けの居場所であり、子どもたちは徒歩又は保護者の自家用車での送迎で来室する。名護市役所こども家庭部は、居場所への通所を希望する保護者・子どもの登録を受け付け、〝きじむな〜〟の運営に関わる専任の事務員を配置している。支援者は名桜大学の学生であり、教員免許状の取得希望者がシフトを組み、支援活動を行っている。〝きじむな〜〟は、他の居場所とは異なり、学生が主体的に居場所を運営し、市役所や事務員、大学関係者が側面からサポートしている点に特徴がある。

　市の広報誌に「募集」が掲載されたこともあって、市役所には小学生を持つ保護者からの問い合わせが殺到した。ほぼ非課税世帯からの問い合わせである。現在、教室の収容力も考慮して、15 〜 20 名程の小学生を対象に支援活動を行っている。居場所での活動は、学校の宿題のお手伝いやレク活動、創作活動等であり、子どもの意向を尊重しながら支援者の学生がサポートしている。満室の教室は賑やかであり、学生と子どもの微笑ましい交流の場となっている。子どもの要望を受け入れ、学生企画のピクニックを実施する等、学生の企画・実行力も育ちつつある。〝きじむな〜〟の学生責任者は、6 月の開所式にて、「子どもたちが気軽に足を運べる、また来たいと思えるような居場所になるよう、私たちにできる支援や教室運営に努めていきたい。子どもたちの笑顔が沢山あふれる教室でありたいと心から願う」と述べる。ま

た、ピクニックを企画した学生は、「子ども同士の関係性も深まり学校や学年を越えて、一緒に遊び、ご飯を食べている様子を見守りながら穏やかな時間を過ごした。公園へ行き、みんなで身体を使って遊ぶことが、小学生にとって楽しい時間になるのだということを学びました」と語る。支援者の学生は、子どもの意向に合わせた居場所づくりの必要性を痛感し、居場所での子どもとの関わりの中で子ども理解を一層深め、学生自身も、自己成長しているといえるだろう。

おわりに

　ボラセンは、コンソ沖縄の組織として設立され、産官との連携と財政的な支援を受けて、学生を県域の居場所に派遣するという事業を進めている。県内各地で設置された自治体による学習支援事業やNPOによる子ども食堂等の広がりのなかで、急ごしらえ感はあるものの、ボラセンの設置と運営は、大学が子どもの貧困問題に無関心ではないことをアピールしつつ、学生が主体的に地域活動へ参加し、居場所や子どもとの関わりのなかで、学びを深め、自己成長を遂げていくものと期待されている。居場所や子どもの立場からも、大学（学生）が身近な支援者として存在していると感じ、学生と子どもとの関わり合いによる期待が寄せられている[21]。

　冒頭で述べたように、学生は、大学と地域をつなぐ人的リソースとして大切な役割を期待されていることから、ここでは、学生の貢献の在り方について注目し、事例として沖縄のボラセンを取り上げた。本論の中で述べたように、学生派遣の際の課題は種々あるが、特に、学生と活動場所との調整とその役割を担うコーディネーターは重要であり、これからも、学生が"気持ちよく活動に参加できる"仕組みをどのようにつくるのかが関係者の課題である。今後、地域活動を実践している学生の支援態勢をどのようにつくりあげていくのか、学生の地域活動の継続のためにはメンター制をどのように発揮させるのか、地域活動を実践している学生の支援の立場から検討すべき課題

も少なくない。こうした課題を丁寧に取り上げ、改善策を探ることで地域における学生の支援活動が実りあるものになる。それは、学生の地域活動の充実を考えるということであると同時に、学生は大学と地域をつなぐだけではなく、大学と地域の連携と協働の在り方を考えさせる契機にもなっているといえる。また、地域における学生の自発的な活動は、学生自身の自己成長を促しているだけではなく、地域に対する愛着と共感的な学びを生み出すことも期待されている。

〝きじむな～〟で自己紹介

子どもの学びを支える（きじむな～）

【注】

（1）長谷川誠「大学の地域貢献に関する一考察—スポーツによる地域連携に注目して—」『佛教大学教育学部学会紀要』第9号、2010年3月、212頁。

（2）長田進「大学の地域貢献についての一考察とその事例」『慶應義塾大学日吉紀要 社会科学』第19号、2008年、18頁。

（3）安藤淑子「大学の地域貢献における学生ボランティア活動の評価と位置付け」『山梨県立大学国際政策学部紀要』2、2007年、7頁。

（4）豊田光世・他「大学の地域貢献活動の教育効果に関する考察—Enactusの事例をもとに—」（『兵庫県立大学環境人間学部研究報告』第16号、2014年、59頁）。

（5）坪井裕子「小中学校における学生サポーター活用について」『こころとことば』8、2009年、69頁。

（6）手塚眞・福士正博・安川隆司「学生の地域貢献—単位認定化を中心に—」『東京経大学会誌』第265号、2010年、156頁。

（7）武村由美「学生の地域貢献とその支援についての検討—高知工科大学の課外活動を事例に—」『高知工科大学紀要』11（1）、2014年、213頁。

（8）「琉球新報」2016年1月5日。詳細は、戸室健作「都道府県別の貧困率、ワーキングプア率、子どもの貧困率、捕捉率の検討」（『山形大学人文学部研究年報』第13号、2016年3月、45頁）。

（9）沖縄県の子どもの貧困対策事業については、拙著「沖縄の子どもの貧困対策をめぐる動向—2015年度を中心に—」沖縄大学地域研究所『地域研究』第18号、2016年9月、所収）を参照のこと。

（10）内閣府主催「沖縄の子供の貧困に関する島尻大臣とNPO等との懇談」（2016年5月22日、於：那覇第2地方合同庁舎）の配付資料。

（11）沖縄県子ども総合研究所（堀川愛所長）は、県の施策展開に高い評価を示し、今後は市町村や校区ごとの、より具体的な生活実態調査から地域課題の把握と具体的な支援策の策定が必要であると指摘している（「琉球新報」2016年12月31日）。

（12）2013年度（平成25）、名桜大学内に設立された名護市学習支援教室は、市内の生活困窮世帯の中学生の高校進学保障と居場所づくりを担っている。学習の場（教室）は大学が提供し、市は通学用のバス代・専任事務員の人件費等の予算を支出している。年間90回程度の実施であり、のべ1,400名程の中学生が学び、高校合格

率はほぼ100％である。詳細は、嘉納英明「生活困窮世帯の中学生への学習支援事業と学生ボランティアの学び」（日本生活体験学習学会『日本生活体験学習学会誌』第15号、2015年、所収）。

(13)「沖縄の子供の貧困に関する島尻大臣と学生ボランティア等との懇談」（2016年5月22日、於：那覇市牧志駅前ほしぞら公民館）における沖縄国際大学学生の報告。支援者の学生によれば、学内で中学生への学習支援と居場所づくりを行い、大学所在地の宜野湾市は、活動・教材費として毎月5万円程の補助を支出している。

(14) 2016年度（平成28）、沖縄女子短期大学は、地域貢献の観点から、地域の子育てに関する相談窓口を設置した（子育て・とも育ち支援室）。大学の所在地の与那原町教育委員会との連携による支援室であり、同大学の教育実践センター内に設けられている。

(15)「琉球新報」2016年4月15日。ボラセンの設立の経過については、島尻安伊子『沖縄の子供のために』沖縄教販、2016年に詳しい。同書は、子どもの貧困対策事業を進める内閣府の立場から記述されている。

(16)「琉球新報」2016年4月15日。

(17)「国場組が1000万円寄付 子どもの居場所 学生派遣事業で初」（「琉球新報」2016年11月8日）、「オリオン、500万円寄付 学生ボランティア支援」（「沖縄タイムス」2016年11月26日）。

(18)「子供の居場所学生ボランティアコーディネート事業」に関する意見交換概要、2016年（平成28）4月20日、於：沖縄県庁子ども生活福祉部。

(19) 子どもの居場所学生ボランティアセンターコーディネーターからの聞き取り（2016年7月10日、於：琉球大学）。

(20) 事前研修の内容は、支援者の学生の知識や技能の担保の観点から、沖縄の貧困状況の概要、コンソ沖縄とボラセンの仕組みと学生の心得、ソーシャルワークの基礎、居場所での取り組み事例、子どもの権利等となっている。

(21) 2016年（平成28）9月3日、「ボランティア活動における学生の強み」をテーマにしたキックオフ・シンポジウムが開催された（於：琉球大学）。詳細は、（「学生の強み生かそう 子の居場所シンポ」「琉球新報」2016年9月13日）。

エピローグ

　私が、子どもの貧困問題に関心を持ったのは、4年程前からである。その頃、学内の有志と共に開催した「沖縄の貧困と格差」をテーマにした公開シンポジウムが、意外と好評だったため、名桜大学総合研究所の学際的研究プロジェクトに応募したことが研究（学習）の始まりだった。また、本書の中でも述べたが、2013年度（平成25）から、名護市の教育委員会と社会福祉課との連携事業で、市内の生活困窮世帯の中学生に対する学習支援を始めたことが、よりリアルに、子どもの貧困問題と向き合う機会となった。ただ、言い訳めいたことになるが、教育学のプロパーの私にとって、社会福祉学の主たる研究対象である「貧困」について学ぶことは刺激的であるが、やはり、門外漢ゆえ、社会福祉史や福祉政策の展開構造については、未だによく理解出来ていない所が多々ある。それでも、学生と共に、学習支援教室を立ち上げ、これまで活動を紡ぐことができたのは、子どもの貧困問題や居場所づくりに真摯に向き合う学生の姿に励まされことでもあるし、大学、あるいは大学教師が、地域貢献として地域の課題に向き合い、解決の糸口を関係者と共に議論し、実践していくことは、これからの大学（教師）に求められていることであると考えているからにほかならない。子どもの貧困問題に関心をもち、先行研究や関係者からの学びを深めてきたが、この間、痛感したのは、現実の貧困問題を的確にとらえた調査の必要性とこれに基づいた政策の展開と予算の投入である。その意味で、2015年度（平成27）の県の子どもの貧困調査は、画期的であるし、「子どもの貧困対策推進計画」も、地に足のついたものになることを期待したい。着実に推進して欲しいと願うばかりである。

　さて、大学は、教育と研究、地域貢献を使命とし、また期待されている。近年は、特に、後者の大学の地域との協働・連携が問われている。どこの大学も、大学の教師が公開講座や出前講座を実施したり、自治体職員と共同研

究や公開シンポジウム等を積極的に行ったりしていて、大学当局もこれらを応援している。理工系の大学や学部は、民間の企業から豊富な資金を得て、連携を進めている事例も聞く。現代の大学は、地域のリアルな現実と向き合い、大学の知が、実践的に耐えられる質であるのかどうか問われているといえるだろう。

　本書の中でも紹介したが、私が顧問をしている学習支援教室の試みも、ごく一部の困窮世帯の中学生への支援であり、貧困問題全体からすれば、小さな活動に過ぎない。また、2016 年（平成 28）4 月、琉球大学に設立された、子どもの居場所学生ボランティアセンターは、県内大学のコンソーシアムによる初の地域教育支援組織である。これらの支援が、現実の問題にどれだけ対応できているのか、注意深く見守っていく必要があるだろう。ただ、沖縄にとっての 2016 年度は、県内大学が、子どもの貧困問題に組織的に向き合い始めた年になったことは間違いない。これからも、大学人として、地域の課題に対する支援の在り方を考えていきたい。

嘉納　英明

初出一覧

　本書は、これまでに発表した論考を中心に構成したものである。初出を記して
おきたい。

第1章　やんばるの地で大学の地域貢献を考える
　　　　嘉納英明「やんばるの地で大学の地域貢献を考える」(九州教育学会『九
　　　　州教育学会研究紀要』第43巻、2015年、所収)。

第2章　沖縄の子どもの貧困問題について考える
　　　　―近年の貧困対策をめぐる動向―
　　　　嘉納英明「沖縄の子どもの貧困問題について考える―近年の貧困対策
　　　　をめぐる動向―」(日本子ども社会学会編『子ども社会研究』第23号、
　　　　2017年、所収)

第3章　子どもの貧困対策としての「無料塾」
　　　　―沖縄県内の取り組みを中心に―(未発表論文)
　　　　名桜大学総合研究所学際的共同プロジェクト研究「沖縄における貧困と
　　　　格差に関する学際的研究―沖縄本島を中心に―」(2014年度〜2016年度)
　　　　の助成研究

第4章　生活困窮世帯の中学生への学習支援事業と学生ボランティアの学び
　　　　嘉納英明「生活困窮世帯の中学生への学習支援事業と学生ボランティア
　　　　の学び」(生活体験学習学会『日本生活体験学習学会誌』第15号、2015年、
　　　　所収)

第5章　沖縄における産官学連携の子どもの居場所づくり
　　　　―大学と地域をつなぐ学生の地域支援活動の仕組みに焦点をあてて―
　　　　本章の内容は、日本子ども社会学会第24回大会(2017年7月、於：東
　　　　京学芸大学)において発表したものである。

資　料　沖縄の子どもの貧困問題に関する主な新聞記事タイトル一覧(2016年度)
　　　　作成：塚澤誠志郎(名桜大学国際学群3年次)

資 料　沖縄の子どもの貧困問題に関する 主な新聞記事タイトル一覧（2016 年度）

塚澤誠志郎（名桜大学国際学群 3 年次）

〈2 紙の記事を読んで〉

　貧困に対する「関心」と「理解」とは区別しなければならない。

　2016 年の幕が上がってすぐ、晴天の霹靂とでもいうべき報道があった。沖縄県の 3 人に 1 人の子どもが、貧困状況にあるというものである。この報道により、県内の子どもの貧困に対する関心は、一挙に高まった。それに呼応して、沖縄県の 2 紙、「沖縄タイムス」と「琉球新報」の子どもの貧困に関する記事は急増した。「沖縄タイムス」の社説によると、2016 年（平成 28）に入ってから、同年 10 月ごろまでの子どもの貧困についての記事の件数は約 700 件に及ぶという。63 件という、2014 年（平成 26）を通した貧困記事の数と比べれば、その量の豊富であることには舌を巻く。

　また、現代型貧困は高まった「関心」が、深い「理解」へと昇華されなければ、解決は見込めない。「ＮＨＫニュース 7」の貧困報道に登場した女子高生へのバッシングは、貧困への「関心」が、無「理解」とともに発露したものであった。「沖縄タイムス」と「琉球新報」の両紙は、そのような事態を避けるべく、「関心」を「理解」を伴ったものへと一歩推し進めるような質の高い報道を、その量とともに維持している。

　これは、「琉球新報」の子どもの貧困取材班が貧困ジャーナリズム賞に輝いたということに、端的に表れている。「琉球新報」は、最近では、2017 年（平成 29）3 月 6 日に公表された、高校生調査中間報告のすぐ後、独自に名護市

の北部農林高校の生徒に調査した結果を公表し、新たな問題を提起した。さらに、北海道在住の男性が、「沖縄タイムス」の記事に共感し、2度にわたって沖縄の子どもたちにランドセルを送った、という報道からは、その質の高さから来る影響力が窺える。また、両紙とも独自の基金を設立し、子どもの貧困解決のために行動を起こす民間の団体を支援している。そして、その支援先を報じた連載も行われている。

　両紙は、このような貧困記事の量の豊富さと質の高さによって、読者の貧困への「関心」が「理解」を伴ったものになるよう、息の長い報道を行っている。また、下掲の「新聞記事タイトル一覧」を一瞥してもわかるように、沖縄の子どもの貧困は、錯綜した原因と結果を孕んでいる。このような中、読者は、両紙が迎える様々な論者の見解を知ることで、沖縄の子どもの貧困に対する正しい認識を得ることもできるであろう。

凡例：0401＝4月1日　沖タ＝沖縄タイムス　琉新＝琉球新報

掲載日	記　事　名	掲載紙
	2016 年（平成 28）	
0401	論壇 宮田裕「沖縄に深く根付く貧困」	沖タ
	「県、子どもの貧困対策計画 今日スタート」	琉新
0402	「子の貧困 条例提案へ」	沖タ
	なくせ子どもの貧困「29 市町村 貧困予算活用へ」	沖タ
	「貧困対策 中旬にも補助」	琉新
	佐藤優のうちなー評論「沖縄独自の応援基金を」	琉新
0403	記者の窓 高江洲洋子「「助けて」と言える社会に」	琉新
0404	社説「児童扶養手当 支給額も対象も拡大を」	沖タ
0405	子どものいま　これから「制服でつなぐ善意」	琉新
	ここにいるよ㉘「児童館に無料塾　夜の居場所中学生に提供」	沖タ
0406	未来支える「子の貧困 特区指定を」	沖タ
	ここにいるよ㉙「自信育み全員が合格　面接を徹底 長所気付かせる」	沖タ
	論壇 米須盛裕「大人の責任で未来広げて」	琉新
	子どものいま　これから「低額塾 閉鎖相次ぐ 補助、15 年度打ち切り」	琉新
0407	社説「トワイライトステイ 夜の居場所増やしたい」	沖タ
	ここにいるよ㉚「小学生も学べる場に」	沖タ
	「離島対策の学習塾終了」	沖タ
0408	「子の貧困解消運営委が発足」	沖タ
	未来支える「「貧困」解決へ支援模索」	沖タ

	「寄り添い支援員始動」	琉新
0410	未来支える「子の貧困 本島全域で対策　離島 12 市町村なし」	沖タ
	未来支える「無料塾 2 カ所で 200 人」	沖タ
	子どものいま　これから「食べて元気学んで笑顔」	琉新
0414	「子の貧困 米韓より深刻」	沖タ
	未来支える「香港の食 作って交流」	沖タ
	ここにいるよ㉛「居残り補習 逆効果も」	沖タ
	「日本、41 か国中 34 位」	琉新
0415	「地域のつながり構築を」	沖タ
	子どものいま　これから「貧困の子 学習を支援」	琉新
0416	「奨学金返還 半額を免除」	沖タ
	「奨学金 4.6 万人半額免除」	琉新
0417	未来支える「1 回 300 円の学習塾好評」	沖タ
0418	「断ち切ろう 貧困の連鎖」	沖タ
0421	「「骨太」貧困対策」	沖タ
	なくせ 子どもの貧困「就学援助への活用 最多」	沖タ
	子どものいま　これから「基金で就学援助支援へ」	琉新
0422	なくせ 子どもの貧困「県民会議 100 団体規模に」	沖タ
	「貧困の現状確認 支援事業を紹介」	琉新
0423	社説「（全国学力テスト）見直しに踏み切る時だ」	沖タ
	なくせ 子どもの貧困「居場所 91 カ所に 4.8 億円」	沖タ
0424	未来支える「学齢期から困窮者支援を」	沖タ
	子どものいま　これから「社会資源開拓まで支援」	琉新
0426	ここにいるよ㉜「生活の困窮 隠す子ら」	沖タ
	未来支える「貧困解消 14 団体名乗り」	沖タ
0427	ここにいるよ㉝「進学で負の連鎖断つ」	沖タ
	未来支える「子ども食堂に鮮魚 335 キロ」	沖タ
	「13 社で貧困支援」	琉新
0428	「同友会、子の貧困対策」	沖タ
	ここにいるよ㉞「学力向上 忙しい学校」	沖タ
	未来支える「子の支援全力 知事 3 施設視察」	沖タ
	子どものいま　これから「発達段階応じ支援を」	琉新
	「貧困対策で調査研究」	琉新
0429	なくせ 子どもの貧困「子の医療 現物給付検討」	沖タ
	子どものいま　これから「学童利用料軽減へ」	琉新
0430	社説「貧困防止の「砦」増設を」	沖タ
	「学力課題 1000 校を支援」	琉新
	子どものいま　これから「名護市場でこども食堂」	琉新
0501	「子の貧困対策推進で一致」	沖タ
	希望この手に①「広がる共感の輪」	琉新
0502	希望この手に②「石垣中 地域一丸「全員高校へ」」	琉新
0503	ここにいるよ㉟「副教材費 大きな負担」	沖タ
	希望この手に③「高校進学 81 → 95%に」	琉新

0504	ここにいるよ㊱「「排除」の論理に限界」	沖タ
	希望この手に④「那覇市の公民館 食卓囲み 子を見守る」	琉新
0505	ここにいるよ㊲「苦手克服 授業が鍵に」	沖タ
	「貧困対策評価 77%」	琉新
	論壇 喜屋武幸「沖縄の子どもの貧困問題 幸福な未来へ英知を」	琉新
	子どものいま これから「保護児童の母 車で生活」	琉新
0507	「名護市場に子ども食堂」	沖タ
	未来支える「ご飯と居場所 子に」	沖タ
	希望この手に⑤「中高生の居場所 kukulu 中退と貧困化防ぐ」	琉新
0508	「教育費 ネックに」	琉新
	希望この手に⑥「若い親に寄り添う」	琉新
	子どものいま これから「子の教育 社会で支えて」	琉新
0509	フードバンクのいま 1「貧困に関心 寄贈増える」	沖タ
	子どものいま、これから「広がる善意の輪」	琉新
	希望この手に⑦「アパート家賃を補助」	琉新
0510	「知事、貧困支援求める」	沖タ
	なくせ子どもの貧困「進学の夢 諦めないで」	沖タ
	未来支える「子どもシェルター開所」	沖タ
	「大阪府 子の貧困対策で 8000 世帯調査へ」	沖タ
	フードバンクのいま 2「苦しい運営 人手も不足」	沖タ
	希望この手に⑧「母子 3 人かすかな光」	琉新
	子どものいま これから「無料塾 進学率 81%」	琉新
0511	フードバンクのいま 3「家庭に食品 子に居場所」	沖タ
	未来支える「子のケア 教師像探る」	沖タ
	子どものいま これから「貧困解消へキャラバン」	琉新
	希望この手に⑨「出会い契機に夢描く」	琉新
0512	フードバンクのいま 4「学校や披露宴で食品募る」	沖タ
	未来支える「14 年度民・児委員相談 7 万件超 子どもで 35%占める」	沖タ
	「学童 120 万人に拡大」	沖タ
	子どものいま これから「高校空き教室に居場所」	琉新
	希望この手に⑩「「斜めの関係」生かす」	琉新
0513	希望この手に⑪「生活再建へ寄り添う」	琉新
	子どものいま これから「浦添小 PTA が運営」	琉新
0516	社説「復帰 44 年 格差と貧困 世代間連鎖断ち切ろう」	沖タ
	子どものいま これから「子の支援 本格サポート」	琉新
	希望この手に〈1〉山城謙人「環境は変えられる」	琉新
0517	なくせ子どもの貧困「貧困の子 那覇市支援」	沖タ
	「貧困支援 加速へ」	琉新
	希望この手に〈2〉蟇目崇「子と向き合う時間を」	琉新
0518	未来支える「みんなで昼食 おいしい」	沖タ
	希望この手に〈3〉上間洋子「息の長い支援必要」	琉新
0519	「子の貧困対策 明記 政府、「骨太方針」素案に」	沖タ
	「「子の貧困」解消推進」	琉新

	希望この手に〈4〉徳丸由ゆき子「つながり支え合おう」	琉新
0521	なくせ子どもの貧困「貧困解消 先進例学ぶ」	沖タ
	子どものいま　これから「人を支えるのは人」	琉新
0522	社説「希望は人と人のつながり」	琉新
	論壇 長濱清信「給食費の無償化求める」	琉新
0523	論壇 亀谷浩昌「養育費支払い制度確立を」	琉新
	子どものいま　これから「子の貧困解消へ討論」	琉新
	子どものいま　これから「夢実現へ無料塾に65人」	琉新
0525	未来支える「夢実現へ「無料塾」開講」	沖タ
0526	「28団体に926万円助成」	琉新
0528	なくせ子どもの貧困「県民会議 来月17日発足」	沖タ
0529	識者の目線 三村和則「奨学金の予算規模拡大を」	沖タ
0530	識者の目線 浅井春生「貧困解消 現状把握が必要」	沖タ
	子どものいま　これから「居場所10代後半にも」	琉新
0531	未来支える「里親15年 自立手助け」	沖タ
	希望この手に⑫「孤立した母の見方に」	琉新
0601	希望この手に⑬「少数のしんどい子支援」	琉新
0602	希望この手に⑭「尊重される体験で成長」	琉新
0603	ここにいるよ㊳「支援必要な子 そこに」	沖タ
	「沖縄 子の貧困対策明記」	沖タ
	ここにいるよ㊳「普通の夜 過ごせる場」	沖タ
	希望この手に⑮「低い敷居 本音引き出す」	琉新
0604	ここにいるよ㊴「孤立させず非行予防」	沖タ
	希望この手に⑯「生徒企業双方に利点」	琉新
0605	ここにいるよ㊵「語りたい話 耳傾ける」	沖タ
	希望この手に⑰「苦しさ吐き出せる場所」	琉新
0606	なくせ子どもの貧困「子の支援「困」に焦点」	沖タ
0607	希望この手に⑱「ケアマネ中心に連携」	琉新
0608	なくせ子どもの貧困「「ひとり親特例」彩の会に初適用」	沖タ
	ここにいるよ㊶「不登校乗り越え自信」	沖タ
	希望この手に⑲「短期間でモデル構築」	琉新
0609	未来支える「6団体へ255万円」	沖タ
	「サポーター73法人に 個人427人子ども支援広がる」	沖タ
	希望この手に⑳「課題共有 自立へ寄り添う」	琉新
	「子の貧困で首長連合」	琉新
0610	ここにいるよ㊷「自己認めるケア必要」	沖タ
	希望この手に㉑「健康面からもアプローチ」	琉新
0611	ここにいるよ㊸「県奨学金に疑問の声」	沖タ
	「子の貧困解消へ25団体に911万円」	琉新
	「あすをひらく 夢後押し」	琉新
	希望この手に㉒「職員の意識改革図る」	琉新
0612	論壇 仲西常雄「貧困連鎖断つ政策を」	琉新
0614	子どものいま　これから「民間基金に寄付を」	琉新

0615	「名護に学習支援教室「ぴゅあ」第2今月開校へ」	沖タ
	なくせ子どもの貧困「基金27億円 全市町村へ」	沖タ
	子どものいま これから「県貧困対策基金 児童数基に配分」	琉新
0616	ここにいるよ㊹「暮らし丸ごと見守る」	沖タ
	なくせ子どもの貧困「県議会に子どもの貧困委」	沖タ
0617	なくせ子どもの貧困「貧困解消105団体が協力 異分野連携や予算期待」	沖タ
	ここにいるよ㊺「自立へ母子に「伴走」」	沖タ
	未来支える「オリオン、給付型奨学金 大学生対象 財団を創設」	沖タ
	なくせ子どもの貧困「県民会議きょう発足 子どもの貧困対策」	沖タ
	子どものいま これから「オリオンが給付奨学金」	琉新
	「無料学習で教育支援」	琉新
0618	なくせ子どもの貧困「貧困解消105団体が協力 異分野連携や予算期待」	沖タ
	ここにいるよ㊻「県内施設3カ所のみ」	沖タ
	なくせ子どもの貧困「30年までに貧困率10%へ」	琉新
	子どものいま これから「貧困率10% 30年目標」	琉新
	社説「夢や希望かなえる社会に」	琉新
	子どものいま、これから「団体つなぐ人材必要」	琉新
0619	なくせ子どもの貧困「子どもの利益最優先に」	沖タ
	なくせ子どもの貧困「貧困の解消「具体策が必要」」	沖タ
0622	なくせ子どもの貧困「子の貧困 本気で解消へ」	沖タ
	「子どもの貧困で特別委」	琉新
0626	子どものいま これから「学習支援で年500万円」	琉新
0627	ここにいるよ㊼「無償住居で再建準備」	沖タ
	「希望ともす草の根活動 支援先6団体にきょう授与式」	沖タ
0628	未来支える「子の貧困基金 配分決定」	沖タ
	ここにいるよ㊽「経済的ゆとりを創出」	沖タ
	未来支える「「腹ぺこの子 集まれ」小禄に子ども食堂開所」	沖タ
	未来支える「子の貧困解消へ6団体に支援金」	沖タ
	子どものいま これから「県、市町村の配分公表」	琉新
0629	なくせ子どもの貧困「国、貧困対策で5900万円」	沖タ
	ここにいるよ㊾「思いは同じ 熊本応援」	沖タ
	「子ども支援 充実訴え」	沖タ
	「子の貧困に5900万円」	琉新
	子どものいま これから「小学生の居場所に、名護に無料学習教室」	琉新
0630	ここにいるよ㊿「年中無休で夕食提供」	沖タ
	子どものいま これから「就学援助に民政委意見」	琉新
0701	なくせ子どもの貧困「那覇市 貧困対策で基金 子の永続支援 条例化提案へ」	沖タ
0702	ここにいるよ「食事や遊び 子に安心」	沖タ
	未来支える「石垣に「子の居場所」」	沖タ
	子どものいま これから「学習 食育を無償支援」	琉新
0704	未来支える「子の居場所10団体を支援」	沖タ
	「若者ら子の貧困に関心」	沖タ
0705	「融資通じ子の貧困解決へ」	琉新

0707	社説「参院選 子どもの貧困 解決に向けた道筋提示を」	琉新
0709	未来支える「母子家庭にシェアハウス」	沖タ
	「県給付型奨学金 今月中旬から募集」	琉新
0712	憲法のいま「子の貧困 高い壁」「問題を看過 遅れた対策」	沖タ
0713	ここにいるよ「公民館 子の居場所に」	沖タ
0715	ここにいるよ「規範押し付けず育む」	沖タ
0716	ここにいるよ「大人食堂にしないで」	沖タ
0718	「子の貧困 法律活用を」	琉新
0720	未来支える「所得上限 市町村で差　認定基準ばらつきも」	沖タ
	未来支える「就学援助 5 人に 1 人」	沖タ
	子どものいま　これから「就学援助 最多 2.9 万人」	琉新
0721	「手続きの簡略化訴え」	沖タ
	未来支える「使途や支援先選定へ」	沖タ
0724	未来支える「貧困支援 経験生かす」	沖タ
	子どものいま　これから「子の声、受け止めて」	琉新
0727	未来支える「音楽で子の貧困対策」	沖タ
0728	未来支える「母子支援へ トウモロコシ」	沖タ
	未来支える「先輩ママ 悩みに助言」	沖タ
	子どものいま　これから「観光と子の支援融合」	琉新
0729	未来支える「貧困の現状学び 支援の輪」	沖タ
0730	未来支える「居場所 2 団体に助成」	沖タ
0731	「貧困・不登校 声を聞いて」	沖タ
0802	「子の貧困追記 県 21 世紀ビジョンに」	琉新
	「音楽で子の居場所支援」	琉新
0804	論壇 大城貞城「養育費支払い 親の義務」	沖タ
	「音楽で育む学ぶ意欲」	琉新
0805	「子の貧困対策 懸念」	沖タ
	「貧困対策 連携を確認」	琉新
	子どものいま　これから「施設退所者に奨学金」	琉新
0807	未来支える「居場所に子 思い思い」	沖タ
0808	未来支える「普天間中学生 子どもら支援」	沖タ
0809	未来支える「公共施設 子の居場所」	沖タ
0813	未来支える「給付型奨学金 創設を　県内大学長ら県に要請」	沖タ
0814	「給付型奨学金県内進学にも 9 大学長連名、県に要請」	琉新
0816	子どものいま　これから「東恩納組が奨学金」	琉新
0819	未来支える「東恩納組が奨学金制度」	沖タ
0821	「無戸籍 就学も厳しく」	沖タ
0824	「大学進学 お金で諦めない」	沖タ
0827	「無利子奨学金 対象を拡充」	沖タ
	東京新聞提供「「相対的貧困」理解されず」	琉新
	「適格者全てに無利子奨学金」	琉新
0829	ここにいるよ「児童扶養手当 毎月に」	沖タ
	ここにいるよ「子育て社会全体で」	沖タ

0830	ここにいるよ「中核市へ 児相を設置」	沖タ
	論壇 喜屋武幸「子の貧困 再生産の恐れ　問われる中等教育の支援」	沖タ
0831	ここにいるよ「学生主体 地域に定着」	沖タ
	「子の支援 地域ぐるみで　沖大講座」	沖タ
0901	琉球新報奨学生制度創設　「未来に種をまく」	琉新
0902	ここにいるよ「人生の模範 成長促す」	沖タ
	「生活保護の返還要求 那覇市　奨学金を収入認定」	琉新
	「「収入」の検証急務　「自立支援」に逆行」	琉新
0903	「奨学金「収入」とみなす」	沖タ
0904	ここにいるよ「かつての利用者 力に」	沖タ
0905	ここにいるよ「培った経験 手引書に」	沖タ
	「相対的貧困 理解進まず」	沖タ
0906	未来支える「施設からの進学に奨学金」	沖タ
	子どものいま　これから「子の貧困 独自に調査」	琉新
0907	子どものいま　これから「八重瀬町 子の貧困調査」	琉新
	未来支える「自治体独自に貧困調査」	沖タ
0908	「貧困把握 3 町村調査」	沖タ
0909	「27 市町村 就学援助を充実」	沖タ
	なくせ子どもの貧困「貧困対策に 2 億 7100 万円」	沖タ
	子どものいま　これから「31 市町村 2 億 4000 万要求」	琉新
0910	子どものいま　これから「子の医療費貸付制度　9 市町来月から導入」	琉新
	「教師・学校は子どもの貧困にどう向き合うか」	琉新
0911	「貧困の子支援　迅速に」	沖タ
0913	なくせ子どもの貧困「乳幼児期保育の役割重要」	沖タ
0914	未来支える「県民の寄付 奨学金に」	沖タ
	なくせ子どもの貧困「乳幼児期の対策訴え」本島縦断キャラバン第二弾	沖タ
	子どものいま　これから「給付型奨学金の事業実施を承認」	琉新
0916	未来支える「窓口の支払い不要に」	沖タ
	子どものいま　これから「貧困対策基金を創設」	琉新
0919	未来支える「子の貧困防止へ 決意新た」	沖タ
	子どものいま　これから「子育て応援 企業責任」	琉新
0921	子どものいま、これから「県給付型奨学金 142 人が応募」	琉新
0922	社説「乳幼児期の貧困 保育所核に支援手厚く」	沖タ
0924	未来支える「子の活動支援で県内学生を募集」	沖タ
	未来支える「医療費償還 手続き簡素化」	沖タ
	「貧困ジャーナリズム賞 本紙「子の貧困」報道に」	琉新
0925	未来支える「医療費貸付制度導入へ」	沖タ
	子どものいま　これから「学費払えず休学 230 人」	琉新
	「幅広い支援が急務」「貧困 学生生活阻む」	琉新
0926	社説「学生の経済的困窮 公的支援のさらなる充実を」	琉新
0929	「「子ども食堂」支援組織設立」	沖タ
	「子の貧困対策追加へ 県、21 世紀ビジョンに」	琉新
	「市部「子の貧困」上位」	琉新

1003	未来支える「喫茶店がこども食堂に」	沖タ
	「子ども支援で連携 活動15団体が情報交換」	琉新
1005	なくせ子どもの貧困「9市町村 貧困調査へ」	沖タ
	子どものいま　これから「9自治体が実態調査」	琉新
	「就学援助 早め受給を」	琉新
	「国、子の貧困に2300万円」	琉新
1008	未来支える「無料塾 支援地区拡大へ」	沖タ
1010	なくせ子どもの貧困「57校に虫歯10本以上の子　「貧困影響」35校」	沖タ
	子どものいま　これから「「夢空間たんぽぽ」子中心に地域交流」	琉新
1012	社説「放置される虫歯 子の治療と親の支援を」	沖タ
	論壇 安里長従「沖縄の子の貧困は構造的被害」	琉新
1013	「貧困対策 受給率底上げ」	沖タ
	ここにいるよ「学ぶ権利 徹底し保障 木村泰子さん」	沖タ
1014	ここにいるよ「負の連鎖断つ好機に 安里長従さん」	沖タ
1015	社説「「貧困報道」丁寧に息長く」	沖タ
	「子の貧困2013人支援 内閣府 食事や学習など」	沖タ
1016	ここにいるよ「広域のまとめ役必要 島袋聡さん」	沖タ
	未来支える「貧困 社会構造に問題 子に手厚い支援訴え」	沖タ
1017	ここにいるよ「不登校の背景 探って 金城隆一さん」	沖タ
1018	ここにいるよ「6年計画で貧困解消 喜舎場健太さん」	沖タ
	未来支える「就学援助の対象1700人増」	沖タ
1020	未来支える「施設卒園者へ支援を」	沖タ
	「貧困問題 解決策探る 日弁連が県内調査」	沖タ
1023	学テを読む「学びと貧困対策は一対 村上呂里氏」	沖タ
1025	子どものいま、これから「子どもの政策室、課に」	琉新
1027	未来支える「市民集う「優しい居場所」」	沖タ
	未来支える「支援先7団体が内定」	沖タ
	「無利子奨学金の成績基準を撤廃」	琉新
1028	「不登校生徒 全国の2倍」	沖タ
	「「県内給付型」に前向き」	琉新
1029	「無利子奨学金 募集を開始」	沖タ
1030	学テを読む「子と教員ストレス危惧 加藤彰彦氏」	沖タ
	「子の居場所づくり本活用」	沖タ
1102	未来支える「7団体に201万円支援」	沖タ
1103	なくせ子どもの貧困「社会変える仕組み必要」	沖タ
1105	未来支える「困窮支援クラス新設 フットサル「ダイモンカップ」」	沖タ
1111	未来支える「子どもの居場所 銀天街に2号店」	沖タ
	「子の貧困対策を推進」	沖タ
1113	未来支える「公民館に子の居場所」	沖タ
1115	未来支える「冨祖崎の子 進学支援」	沖タ
1117	こどもプロジェクト「希望の光つなぐ7団体」	沖タ
1118	「輝く女性を応援 貧困、孤立解消へ」	琉新
1122	未来支える「沖縄子どもの未来県民会議 ＨＰ開設 活動を紹介」	沖タ

	「経済力底上げ図る」	琉新
1123	「竹富町の奨学金条例可決」	沖タ
1125	未来支える「母子家庭に住居支援」	沖タ
	「ひとり親世帯支援 中部拠点は北谷町」	琉新
1126	なくせ子どもの貧困「子の貧困 打開策議論」	沖タ
1129	未来支える「「ゆいはぁと北部」開所 母子家庭支援」	沖タ
1201	「給付型奨学金 2 万人規模」	沖タ
	「給付型、18 年度導入」	琉新
1203	未来支える「無料塾の生徒募集」	沖タ
1204	子どものいま　これから「高校生対象に無料塾」	琉新
1206	未来支える「南風原町 現物給付開始へ」	沖タ
	未来支える「高校生世帯の実態調査」	沖タ
1207	未来支える「現物給付来年 1 月導入」	沖タ
1209	「高校生の貧困調査」	琉新
	「生徒 24 人に奨学金 糸満高後援会 給付型 120 万円」	琉新
1212	「子の貧困打破へ 行政連携を提言」	琉新
1213	論壇 平良眞知「基地返還で貧困脱却を」	琉新
1214	未来支える「沖大、貧困解決に拠点」	沖タ
1215	論壇 福峯静香「貧困克服へ学ぶべき愛」	琉新
1217	なくせ子どもの貧困「医療無料化 来月に導入」	沖タ
1220	未来支える「子の貧困対策 条例で」	沖タ
1221	「包括的な子の支援 提起」	沖タ
1222	「少ない金額と対象人数」	琉新
	「子の貧困対策推進 県 21 世紀ビジョン 来年度に改定へ」	琉新
1223	未来支える「沖国大が給付型奨学金」	沖タ
	「「子の貧困」学術研究の柱に」	琉新
1224	「貧困深刻 支援の輪広がる」	琉新
1225	「子の貧困 支援拡大」	沖タ
	記者の窓 瀬底正志郎「県の給付型奨学金 県内大学進学にも拡充を」	琉新
1226	「子どもの貧困 全員を救う政策必要」	沖タ
1227	未来支える「給付型奨学金 支給 9 人内定」	沖タ
1229	未来支える「第九の調べ 子のために」	沖タ
1230	未来支える「高校生の学習支援 宮古島 無料塾が開講」	沖タ
1231	「子育て県基金 30 億円」	沖タ
2017 年（平成 29）		
0103	未来支える「北海道からランドセル」	沖タ
0104	社説「子どもへの支援 未来へバトンつなごう」	沖タ
	未来支える「学びと育児 両立支援」	沖タ
0105	「子の貧困「力尽くす」」	沖タ
0109	未来支える「清掃活動 子にそば提供」	沖タ
0111	未来支える「学びと生活力向上支援」	沖タ
0114	「困窮世帯支援無料塾が開所 宮古島市「まなびやぁ」」	琉新
0115	「就学援助 5 人に 1 人」	沖タ

0120	「貧困の子 健康支援」	琉新
0121	「保育料・給食費滞納多く」	沖タ
0122	未来支える「入学や新生活 募金で応援」	沖タ
	論壇 金子智之「子どもの歯は語る 貧困対策同様に対応を」	琉新
	子どものいま これから「市町村就学援助 中学生那覇 31%」	琉新
0125	「子の貧困解消 連携探る」	沖タ
	未来支える「リユース制服 サイズぴたり」	沖タ
0126	「人生変える一冊を 県立図書館が子ども支援」	琉新
0129	子どものいま これから「学童利用料を減額」	琉新
	子どものいま これから「生活にゆとり 学童利用料減額」	琉新
0130	未来支える「産後ケアの充実 母の心身癒す」	沖タ
0131	論壇 安田栄蔵「若者に夢 給付型奨学金」	沖タ
0203	子どものいま、これから「困窮世帯に安全食品」	琉新
0206	「夢追う 9 人 第 1 号 県の給付型奨学金 進路の幅広がる」	琉新
0207	「子の居場所支援 関係者らが交流」	沖タ
0208	「21 世紀ビジョン推進 貧困改善へ 173 億円」	琉新
0209	未来支える「貧困解消へ意見交換 基金設置団体と県」	沖タ
0211	未来支える「売り上げ一部「誰かの力に」」	沖タ
0215	未来支える「善意のランドセル 再び」	沖タ
0216	「奨学金の返還額月額 3 分の 1 に」	沖タ
0217	未来支える「不登校への対応 支援体制強化へ」	沖タ
0221	子どものいま これから「貧困対策条例 浅井氏が提言」	琉新
	「学童の利用料 那覇も減額へ」	琉新
0223	論壇 稲福日出夫「育つ権利を守る社会へ 沖縄の子どもの貧困を考える」	沖タ
0226	「貧困対策「児童館で」」	沖タ
0227	子どものいま、これから「乳幼児期とひとり親 優先支援を」	琉新
0228	「校内の「学童ク」「子ども教室」那覇 半数で併設」	琉新
0301	夢を後押し①「ワンネス会 悩み向き合う「寺子屋」」	琉新
0302	夢を後押し②「こども家庭リソースセンター沖縄 困窮家庭の子育て支え」	琉新
0303	未来支える「夢かなえた奨学金 県民会議の給付型「心強い」」	沖タ
0305	未来支える「子の貧困 条例制定を」	沖タ
0307	未来支える「夢諦める子 苦しむ親」	沖タ
	未来支える「困窮世帯の高校生 29% アルバイト経験 47%」	沖タ
	社説「高校生「困窮」調査」立ちはだかる進学の壁」 使える	沖タ
	「自己肯定育む幼児教育を」	沖タ
	未来支える「進学諦める高校生」	沖タ
	高校生は今㊤「遠い「普通の生活」」	沖タ
	「高校生 困窮世帯 3 割」「バイト「家計」に」34%」	琉新
	子どものいま、これから「「夢諦めたくない」困窮世帯訴え切実」	琉新
	「学びより生活費 自己実現 高い壁」	琉新
0308	高校生は今㊦「奨学金受給 夢へ一歩」	沖タ
	社説「高校生 3 割貧困 困窮による進学断念防げ」	琉新
0309	夢を後押し③「シオンハウス育成会 食べて学んで笑顔」	琉新

0310	「乳幼児の貧困調査へ」	琉新
	夢を後押し④「kukulu 同じ悩みの仲間と共に」	琉新
0311	夢を後押し⑤「小学生ユイマール塾 子どもが学ぶ場守る」	琉新
0312	「給付型奨学金 期待と課題」	沖タ
	「子の孤立 防止へ連携 非行問題 背後に貧困」	沖タ
	夢を後押し⑥「ベタニヤゆいまーる協会 心とおなか満たす場」	琉新
0315	未来支える「モノレール運賃 高校生ら軽減へ」	沖タ
	「豊見城、17年度にも導入 給付型奨学金」	琉新
	子どものいま　これから「モノレール運賃 低所得世帯生徒、半額に」	琉新
	夢を後押し⑦「沖縄ハンズオン 地域つなぐ土台に」	琉新
0316	未来支える「大人と子 関わる時間を」	沖タ
	子どものいま　これから「「大人」見つめ直す機会」	琉新
0317	未来支える「高校生の運賃 負担減で協定」	沖タ
	子どものいま　これから「根気強く味方増やそう」	琉新
0319	記者の窓 瀬底正志郎「県高校生調査 希望育む社会に」	琉新
0320	「就学援助増も負担なお」	琉新
	子どものいま　これから「広めよう就学援助」	琉新
0321	社説「児童虐待通告最多 貧困対策とセットで対応を」	琉新
	夢を後押し⑧「フードバンクセカンドハーベスト沖縄」	琉新
0322	「給付型奨学金 今帰仁が検討」	沖タ
	夢を後押し⑨「高教組 教職員の寄付募り支援」	琉新
0323	未来支える「子ども支援 互いに成長」	沖タ
	夢を後押し⑩「プロミスキーパーズ 行事通し地域と連携」	琉新
0324	論壇 平良眞知「沖縄はなぜ貧しいのか 基地は事業収益生まない」	琉新
	子どものいま、これから「学生「継続したい」」	琉新
	夢を後押し⑪「HOPE LOVE「食」届け、未来へつなぐ」	琉新
0329	こどもプロジェクト「学習サポート 4人が合格」	沖タ
0330	未来支える「県内寄付 1億1800万円 子の貧困対策 県「理解の表れ」」	沖タ
	「バス通学6割バイト 月運賃2.5万円超2割」	琉新
	子どものいま　これから「子ども支援へ基金設立」	琉新
	「学び 環境に地域差」「通学費 家計を圧迫」	琉新
	「子の貧困基金に4485万 奨学金充実目指す」	琉新
0331	未来支える「施設の後輩に寝具贈る」	沖タ
	社説「通学費の負担軽減 行政と民間の支援急務だ」	琉新

［筆者紹介］　嘉納英明（かのう　ひであき）

現在　公立大学法人 名桜大学国際学群国際文化教育研究学系長・教授
　　　沖縄県振興審議会専門委員（学術・人づくり部会）
　　　沖縄県家庭教育推進計画委員会委員長
　　　沖縄県社会教育委員
　　　読谷村史編集委員会委員
　　　うるま市公民館運営審議会委員
　　　沖縄大学非常勤講師「教育制度」、「教育の歴史と思想」
　　　沖縄キリスト教学院大学非常勤講師「教職の意義」
　　　沖縄大学地域研究所特別研究員
　　　　学長補佐（北部地域教育担当／ 2016 年度）
　　　　一般社団法人大学コンソーシアム沖縄
　　　　子どもの居場所学生ボランティアセンター（副センター長／ 2016 年度）

著書　『戦後沖縄教育の軌跡』那覇出版社，1999 年（単著）.
　　　『沖縄の子どもと地域の教育力』エイデル研究所，2015 年（単著）. 他多数

名桜大学やんばるブックレット　別冊2

子どもの貧困問題と大学の地域貢献

2017年7月10日　初版第1刷発行

著　者　嘉納英明
発行所　名桜大学
発売元　沖縄タイムス社
印刷所　光文堂コミュニケーションズ

『やんばるブックレット』シリーズ刊行に際して

グローバリゼーションと呼ばれる現象は、人々の想像や想定をはるかに超える速さと広がりの中で私たちの生活を変えてきています。「やんばる」でも、グローバル化の波が足元まで押し寄せ、社会や歴史や文化を新たな視点から見直し、二十一世紀の新しい生き方を考えざるを得なくなってきました。名桜大学『やんばるブックレット』シリーズ刊行の背景には、このような時代の変容が横たわっています。

二十一世紀の沖縄はどこに向かうのか。どのような新しい生き方が私たちを待っているのか――。沖縄北部を斬新な切り口から見つめ直すことで、沖縄や日本全体の未来が見えてこないか――。本ブックレットシリーズには人間の生き方を根源から問い直してみようという思いも込められています。

なによりも、新しい時代にふさわしい「やんばる像」（＝自己像）を発見し、構築しようという思いから本シリーズは刊行されることになりました。Edge ＝「辺境」ではなく、cutting edge ＝「最先端」、「切っ先」としての「やんばる」を想像／創造してみたいと思います。名桜大学のブックレットシリーズが新たな未来と希望につながることを願っています。

二〇一六年　　名桜大学学長　山里勝己